Guillaume Bachelay
et Najat Vallaud-Belkacem

Réagissez !
Répondre au FN de A à Z

Jean-Claude Gawsewitch Éditeur

130, rue de Rivoli
75001 Paris
www.jcgawsewitch.com
ISBN : 978-2-35013-297-6

Lettre à un citoyen tenté par le Front national

Ce livre est pour toi, citoyen – entre citoyens, depuis un peu plus de deux siècles, le tutoiement est de rigueur. Il doit l'être aussi entre compagnons de galère – nous, c'est depuis que nous sommes nés qu'il est question de la « crise », pétrolière, économique, sociale, climatique. Peut-être as-tu, toi aussi, la trentaine, à moins que tu appartiennes à la génération de nos parents, que tu aies connu les Trente Glorieuses, cette parenthèse dorée d'après les années noires et les ans gris foncé, la guerre, l'Occupation, la reconstruction ? Peut-être même as-tu vécu les temps d'avant la dernière guerre, l'enfance rythmée par le Front populaire, le front levé des uniformes qui marchent au pas, puis le front tout court pour ton père, ton frère, ton cousin, ton voisin ?

Rassure-toi, nous n'allons pas t'infliger un cours d'histoire, même si savoir ce qui s'est passé avant nous n'est jamais superflu pour comprendre que ce n'était pas mieux avant. C'était autrement. Nous voulons te parler d'aujourd'hui, de toi, de nous, de nos enfants, de notre pays, cette France que nous aimons, avec laquelle nous avons tous inventé nos souvenirs et supporté des déceptions.

Juste un retour en arrière, il y a presque dix ans. Te souviens-tu, citoyen, du 21 avril 2002, des traits de Jacques

Chirac et de Jean-Marie Le Pen sur l'écran à 20 heures ? Te rappelles-tu les jours qui suivirent, le 1er Mai et les cortèges dans le pays ? Si cela se trouve, nous avons manifesté ensemble, toi et nous, pour dire « non » au Front national – c'est depuis que les repères se sont faits plus flous. Le monde n'a jamais été aussi global et les individus si seuls. La richesse n'a jamais été si abondante pour quelques-uns et la pauvreté si dure pour tellement d'autres. L'ascenseur social, ce progrès qui faisait, depuis un siècle et demi, que chaque époque vivait mieux que celle qui l'avait précédée, est coincé au rez-de-chaussée et quand il fonctionne, c'est à la descente : pour les salariés victimes de la désindustrialisation, pour les mamans qui élèvent seules leurs enfants, pour les jeunes sortis de l'école qui vont de contrat précaire en stage non rémunéré, pour les travailleurs de plus de 50 ans à qui l'on explique sans ménagement qu'ils ne sont plus bons à grand-chose, pour les agriculteurs ou les petits entrepreneurs qui ne savent plus comment faire face aux « charges » – des cotisations sociales, en fait –, pour les classes moyennes qui n'y arrivent plus, pour les quartiers populaires où se concentrent tous les maux de la société et que les élites ne regardent qu'après plusieurs nuits d'émeutes. Mais, n'allons pas si vite. Tout cela, tu le sais, c'est même ce qui fait, dis-tu à tes amis depuis peu, que tu te poses cette question : l'an prochain, pourquoi pas « Marine » ?

Aujourd'hui, Chirac et Le Pen sont sortis du champ des caméras. Ils ne sont plus l'alpha et l'oméga de la vie politique. La République a un autre président, et le FN, une autre présidente. Sept mois avant l'élection présidentielle de 2012, des sondages disent que l'un pourrait ne pas être au second tour et l'autre s'y trouver. Comment en sommes-nous arrivés là et que faut-il faire ? C'est là que toi et nous, nous divergeons sérieusement. C'est pourquoi nous devons parler. C'est la raison même de l'ouvrage que tu as entre les mains. C'est pour toi que nous l'avons écrit.

Résumons ce que tu éprouves à peu de choses près : tu as le sentiment que tout fout le camp, que le monde est plus grand et l'Europe plus petite, que l'Histoire vire trop libérale pour que la France reste sociale. En même temps, tu n'arrives pas à accepter cette perspective. Tu penses que si nos aînés revenaient, ils seraient perdus. Toi-même, tu es bien vivant, connecté aux autres par ton téléphone portable et tes mails, autonome avec ta voiture qui te dit où aller grâce au GPS. Tu ne roules pas sur l'or, tu fais attention, mais tu ne te serres pas encore la ceinture le 15 ou le 20 du mois. Tu as un boulot que tu aimes, ou pas, que tu espères stable, durable – tu aimerais en être sûr –, tu travailles dans le privé ou bien tu es fonctionnaire – pour le sujet qui nous occupe, les distinctions et les certitudes d'hier n'ont plus forcément cours. Tu te demandes comment prendre en charge tes parents qui vieillissent et ne pourront rester éternellement chez eux. À l'autre bout de la famille, tu t'inquiètes pour tes enfants : sont-ils dans une bonne école ? Vont-ils en sortir avec un diplôme ? Et ce diplôme, aura-t-il une valeur sur le marché du travail ? Autour de toi, dans le métro, dans la rue, dans le quartier d'à côté que tu traverses pour aller faire les courses, tu vois la pauvreté gagner du terrain. L'autre jour, tu as rencontré le maire de ta commune : il t'a parlé du CCAS qui ne désemplit pas, des bons alimentaires que la municipalité accorde désormais à des couples avec enfants et dont l'un des deux parents a un emploi. Au foot, le week-end, tu sens que tout le monde vient pour décompresser, mais que tout le monde est à cran, déboussolé, tendu, remonté.

Et puis il y a le vaste monde tel que la télévision le restitue. Le Sud qui émerge et le Nord qui doute. Depuis 2008 et la crise bancaire – sûrement terminée si l'on en croit les bénéfices que les banques affichent à nouveau, après avoir été renflouées avec ton argent, le nôtre, par les gouvernements –, les uns parlent « stock-options », « titrisation », « private equity », et les autres vivent les délocalisations, les licenciements, les minima sociaux, le surendettement. Le climat se réchauffe, les catastrophes naturelles sont de plus en plus violentes et leur rythme, de plus en plus rapproché. Leurs conséquences ne sont pas seulement naturelles, elles sont technologiques, sanitaires, humaines en somme – la catastrophe de Fukushima en a été un terrible avertissement. De cela et plus encore, se dégage l'impression diffuse que l'humanité court à sa perte. Trop d'« avoir » et pas assez d'« être », trop de « combien » et pas suffisamment de « pourquoi », trop de moyens et plus de fins. Le constat que l'Occident n'est plus le centre du monde, que l'Asie, la Chine, l'Inde, le Brésil, la Russie, parfois des nations plus petites, s'éveillent, que l'Afrique trouve la voie de la croissance, pendant que les émirats du Moyen-Orient disposent du pétrole qui vient à manquer, bref que les choses se jouent ailleurs. Le sentiment aussi que trois agences de notation font et défont les gouvernements et leurs budgets – n'a-t-il pas suffi qu'une seule dégrade le triple AAA des États-Unis en août dernier pour qu'en deux jours la planète boursière soit menacée de chaos ?

C'est un chambardement qui frappe l'Hexagone et son minuscule pour cent de la population mondiale. Du coup, comme beaucoup de Français, tu t'interroges. Comment garder notre modèle social, ces belles conquêtes qui s'appellent la Sécu et l'école gratuite ? Les recettes viennent à manquer, le pouvoir d'achat est si bas qu'il rend insupportable toute hausse d'impôt, le chômage et l'exclusion accroissent le nombre d'allocataires des aides, celles que l'État octroie ou que les collectivités locales gèrent comme elles peuvent. Le gâteau se réduit et les parts ne vont pas pouvoir rester les mêmes, voilà ce que tu te dis. Et puis – cela, tu le penses encore à voix basse : pour qui, les parts ? Le président sortant, son gouvernement, l'UMP t'ont déçu, que tu aies voté ou non pour eux. Ils avaient promis tant de choses et ont obtenu si peu de résultats. Surtout, des comme toi, des comme nous, il n'y en avait pas un seul au Fouquet's le soir de l'élection de Nicolas Sarkozy. C'était la soirée des belles personnes, des inclus, des gagnants : dans la minute qui suivait sa victoire, l'ex-maire de Neuilly faisait une croix sur ses engagements de campagne. Mais aujourd'hui, où en es-tu ? Tu ne sais plus vraiment, toi qui votes à gauche aux élections locales, qui as voté « oui » à Maastricht puis « non » au Traité constitutionnel, qui as aimé la probité d'un Jospin, qui as voté Chirac pour faire barrage à Le Pen en 2002, qui as cru en Sarkozy en 2007. Comment ne pas penser qu'il y a le bon grain et l'ivraie dans notre société quand, depuis quatre ans, les plus hautes autorités du pays opposent du matin au soir « la France qui se lève tôt » et celle de « l'assistanat », les salariés et les chômeurs, la fonction publique et le secteur privé, le smicard et l'ingénieur, les éleveurs et les créateurs, les jeunes et les vieux, les villes et les campagnes, les centres-villes et les banlieues, et même les nationaux aux étrangers, qu'ils soient en situation irrégulière ou même, fait nouveau, présents légalement sur le territoire ? Le président de la République ou ses ministres de l'Intérieur ne sont pas sanctionnés quand ils stigmatisent, pourquoi le serais-tu, toi ?

Celle qui te parle à toi – en tout cas, c'est ce que tu crois –, c'est Marine Le Pen. Elle a le même nom que son père, bien sûr, mais tu ne la regardes pas avec les mêmes yeux. Parce qu'elle est une femme et qu'elle ne fait pas de déclarations nauséeuses sur les chambres à gaz ? Oui, mais pas uniquement. Parce qu'elle parle simplement de ce que tu ressens confusément, qu'elle a l'air d'être « économiquement de droite et socialement de gauche », qu'elle dénonce des réalités que les partis de droite n'osent pas aborder et qu'elle parle de sujets que la gauche ne traite qu'avec des pincettes ? Et puis, tu ne supportes pas cette façon qu'ont certains journalistes de l'interroger, véhémente, arrogante, qui à la fin des fins sert à l'évidence cette femme charismatique, rompue à l'art de se poser en victime depuis toujours.

Bien sûr, le FN, ce n'est pas ta tasse de thé. Tu as vu les affiches aux dernières cantonales des candidats sans programme pour le département, qui mettaient la photo de Marine Le Pen plutôt que la leur et qui obtenaient des scores canons. Tu te balades parfois sur Internet et lis les blogs des mouvances proches du parti d'extrême droite : tu ne te fais pas d'illusions sur leurs intentions – et tu as raison. Mais, « Marine » – en y songeant, jamais tu n'aurais appelé son père par son prénom –, elle a fait son « aggiornamento », comme disent les éditorialistes. Ne revendique-t-elle pas la République, la laïcité, la puissance d'un État stratège ? Voilà qu'elle cite Jaurès dans les meetings – les mêmes où elle fustige l'Islam, l'as-tu remarqué ? Question promesses, tu l'as entendue annoncer le retour de la retraite à 60 ans et la hausse des salaires si la France sort de l'euro et rétablit des barrières commerciales à ses frontières – tu n'y crois pas vraiment, à juste titre, mais cela apaise ta colère durant dix bonnes minutes. Bien sûr, elle met en cause l'immigration et montre du doigt les musulmans, mais n'est-ce pas la pente de tous les pays d'Europe ? C'est peut-être le sens de l'Histoire, tu as entendu Robert Ménard le dire l'autre jour à la radio. Au fond, tu te dis que voter pour elle – tu l'envisages pour la première fois –, ce n'est pas voter Front national. Ou plutôt, c'est comme voter pour un autre FN, dont la volonté d'exclusion ne reposerait pas sur une base ethnique ou raciale, mais économique et sociale. Alors en 2012, pourquoi pas, ne serait-ce que pour mettre un coup de pied dans le système des partis classiques, dire à la droite de retrouver sa fibre sociale et à la gauche de se préoccuper des classes populaires ? Et puis, comme pour te donner bonne conscience, tu convoques la patrie des droits de l'homme que vomit l'ultra droite : si le FN était dangereux, une démocratie comme la France ne l'aurait-elle pas interdit d'élections depuis longtemps ? Bref, ton choix n'est pas fait. Disons qu'à ce stade, tu es disponible pour le vote FN. Pas encore capté, mais déjà captif.

Citoyen, il te reste du temps d'ici avril 2012. C'est pourquoi nous avons écrit les pages qui suivent. C'est un abécédaire des principales préconisations du Front national telles qu'elles sont présentées, non pas dans les médias par ses adversaires, mais dans les discours de sa présidente, sur le site internet du parti, sur les blogs de ses dirigeants, au fil des argumentaires et des vidéos frontistes. Nous les combattons, tu vas vite le comprendre, mais nous prenons Marine Le Pen au pied de la lettre. Elle dit vouloir être jugée sur ce qu'elle dit et non sur ce qu'elle est ? Banco ! Nous passons en revue ses idées, en évaluons les conséquences évidentes, en révélons les non-dits. Pas de diabolisation, de la confrontation sur le fond ! Pas d'attaques personnelles, la bataille des idées ! Comme nous, tu vas vite te rendre à l'évidence : si le projet frontiste était mis en application, la France serait en faillite, une première depuis 1796, son économie ramenée à la préhistoire des pays avancés, sa société déchirée par les violences sociales, territoriales, communautaires, religieuses. En juillet dernier, citoyen, le double attentat en Norvège qui a fait près d'une centaine de victimes n'a pas été perpétré par un militant soixante-huitard, adepte de la non-violence et électeur social-démocrate ou écolo, mais par un homme de 32 ans hostile au multiculturalisme et aux idéaux humanistes. Penses-y quand même, à cette réalité-là, et n'oublie pas que Marine Le Pen n'a pas condamné les propos de son père relativisant la responsabilité du massacreur d'Oslo et d'Utoya[1].

Pas question toutefois de dire qu'on ne peut pas changer le cours des choses. Comme nous, tu veux le changement après Sarkozy. C'est pourquoi, thème par thème, nous te dirons ce que la gauche en général et le Parti socialiste en particulier, dans son projet adopté à l'unanimité en mai dernier, proposent pour redresser la France et rassembler les Français. Le redressement supposera des efforts, mais ils seront équitablement partagés : sans justice, rien n'est possible. Quant au rassemblement, il supposera que, de la gauche et des écologistes, un espoir grandisse au point de convaincre des centristes, des gaullistes, des démocrates, des citoyens sans attache partisane, de décider l'alternance démocratique en élisant une ou un socialiste à la tête de l'État. Tu verras à quel point, ces dernières années, le PS a réfléchi, travaillé, tiré les leçons de l'expérience des responsabilités gouvernementales, appris de sa gestion dans les territoires. Tu verras à quel point, ces dernières années, c'est pour toi que nous avons pensé et agi.

Citoyen, quand tu refermeras ce livre, tu auras peut-être toujours tes raisons de voter FN. Mais tu n'auras plus d'excuse.

1. Le 29 juillet dernier, dans son « journal de bord » sur Internet, l'ancien président du FN avait jugé que la politique naïve en matière de sécurité de la Norvège était plus grave que la tuerie commise par Anders Breivik, militant anti-Islam, une semaine plus tôt.

A comme « Aides sociales »

> « Les allocations familiales sont là pour aider les mères de famille françaises à faire des enfants français. »
>
> Marine Le Pen, France 2, 23 juin 2011.

Sa « normalisation » en bandoulière, le vent de la crise et de ses dégâts dans ses voiles, le Front national déploie un discours à forte tonalité sociale fait de sollicitude pour les uns (création d'un revenu parental) et d'exclusion pour les autres – qui sont aussi toujours les mêmes. C'est ainsi qu'à l'image du gâteau qu'il faudrait ne partager qu'avec quelques-uns pour avoir des parts plus belles, le FN s'engage à faire en sorte que « les Français soient prioritaires dans leur propre pays, s'agissant des retraites, mais aussi des logements, de l'emploi et des aides sociales [1] ».

Sous couvert de nouveauté, Marine Le Pen reformule en réalité les deux bons vieux attrape-tout électoraux du FN d'avant, celui que présidait son père. D'un côté, le slogan anti-immigrés, dans la veine du mot d'ordre « un million de chômeurs, c'est un million d'immigrés en trop » lancé par François Duprat, numéro deux du FN dans les

1. Tract FN sur les retraites, http://www.frontnational.com/?page_id=926.

années 1970. De l'autre côté, le slogan pro-français, la « préférence nationale », breveté par Bruno Mégret dans les années 1990. À Vitrolles, en 1998, l'ex-dauphin de Jean-Marie Le Pen avait tenté d'instaurer une « allocation municipale de naissance », prime de 5 000 francs de l'époque destinée aux couples « français ou européens » et à « encourager la natalité ». La décision discriminatoire, contraire à la Constitution dont elle bafouait le principe d'égalité, fut cassée successivement par le tribunal administratif de Marseille, puis par le Conseil d'État.

Aujourd'hui, au FN, la « préférence nationale » a laissé place à une terminologie plus douce – « priorité citoyenne » – mais son contenu reste inchangé : « Les aides seront d'abord attribuées à nos compatriotes. Une fois leur bien-être assuré, on verra s'il reste de l'argent pour donner aux autres[2]. » Le nombre des compatriotes en question reste à préciser dans une France qui remettrait en cause l'acquisition de la nationalité par le droit du sol et multiplierait les occasions d'en être déchu… Et si l'on prévoit généreusement de conserver aux étrangers qui travaillent l'accès aux autres prestations sociales, ce serait au prix d'une majoration de 35 % des cotisations maladie et chômage à la charge des patrons qui se risqueraient à les embaucher et donc d'un renchérissement du coût du travail leur fermant de fait largement l'accès à l'emploi[3].

N'en déplaise à Marine Le Pen – et à une partie de l'UMP –, les prestations sociales en France ne coulent pas par flots ininterrompus et infinis pour les étrangers. Leur bénéfice est soumis à l'exigence de régularité du séjour des étrangers, ainsi qu'à une série de conditions variables en

---

2. Marie-Christine Arnautu, la vice-présidente du parti chargée des questions sociales, *L'Express*, 8 juin 2011.

3. http://www.frontnational.com/?page_id=1106.

fonction des dispositifs. Par exemple, pour prétendre au Revenu de solidarité active (RSA), les étrangers extra-communautaires – puisque c'est bien d'eux qu'il s'agit – doivent avoir résidé et été autorisés à travailler depuis plus de cinq années sur le territoire national[4]. Rarissimes sont les prestations qui peuvent être attribuées aux étrangers installés de façon irrégulière qui de toute façon, soucieux de ne pas être identifiés par l'administration pour ne pas être arrêtés, préfèrent rester dans la clandestinité, et évitent de fréquenter ostensiblement les guichets de la Caisse d'assurance maladie, du Conseil général ou du Centre communal d'action sociale… Elles correspondent à des situations de détresse sociale lourde : aide sociale à l'enfance, aide sociale dans un centre d'hébergement et de réadaptation sociale, ou encore Aide médicale d'État (AME), prestation qui n'a jamais autant fait parler d'elle que depuis que Marine Le Pen s'en est saisie. De quoi s'agit-il ? D'une couverture médicale gratuite en cas de soins dispensés dans un établissement de santé public ou privé participant au service public hospitalier. Cette prestation peut en effet être versée aux étrangers vivant en France de façon permanente et habituelle, depuis au moins trois mois, et disposant d'un revenu de moins de 634 euros par mois. Régulièrement présentée par le FN comme un élément majeur d'attractivité du territoire incitant au « tourisme sanitaire », l'AME, moins protectrice que la CMU destineé aux Français vivant dans les mêmes conditions de précarité, concerne 215 000 personnes en 2011 dont une bonne partie sont des étrangers communautaires[5]

4. Exception faite des étrangers titulaires d'une carte de résident, des réfugiés et des apatrides.

5. Les ressortissants communautaires ne disposant pas d'un droit de séjour au-delà de trois mois de résidence en France relèvent également de

passés d'un statut de couverture par l'Assurance maladie et la CMU complémentaire… à une couverture par l'AME.

Que finance concrètement cette AME ? « [Elle] correspond à des soins de première nécessité. Les cures thermales et les fécondations *in vitro* ont été citées, mais ces exemples ne correspondent à aucune réalité constatée », déclare Alain Milon, le rapporteur UMP de la Commission des affaires sociales du Sénat[6]. Que Marine Le Pen se rassure, le gouvernement Sarkozy-Fillon a déjà copié-collé son programme : jamais la situation sanitaire des immigrés clandestins n'a été aussi dégradée. En 2010, l'exécutif a fait voter par le Parlement deux mesures parmi tant d'autres : la première instaurant un droit d'entrée de 30 euros pour l'accès à l'AME, la deuxième autorisant l'expulsion des clandestins si l'accès au traitement de leur pathologie est disponible dans leur pays. Peu importe que ces personnes n'aient bien souvent pas d'accès à ces soins spécifiques dans leur pays d'origine, faute de moyens ou de système de prise en charge des soins performants. Le gouvernement ne recule plus, même devant l'expulsion d'enfants porteurs de lourdes pathologies invalidantes qui ne peuvent être prises en charge dans leur pays d'origine et les condamnent à plus ou moins brève échéance.

Allons plus loin : à supposer que la France, qui aurait abrogé sa Constitution[7] et dénoncé les conventions internationales qui lui interdisent de discriminer, s'engage dans une politique de « préférence nationale » en coupant aux

---

l'AME. Il en va d'ailleurs de même pour les personnes (françaises ou étrangères) gardées à vue.

6. http://blogs.mediapart.fr/blog/comedies-humaines/051210/sans-papiers-les-bleus-lame-dun-senateur-ump.

7. « Tout être humain qui, en raison de son âge, de son état physique ou mental, de la situation économique, se trouve dans l'incapacité de travailler a le droit d'obtenir de la collectivité des moyens convenables d'existence. » (Article 11 du préambule de la Constitution de 1958.)

étrangers l'accès aux soins de première nécessité ou au minimum pour vivre dignement, à quoi cela conduirait-il ?

Pour les nationaux, le climat serait vite irrespirable et la France invivable, chacun se demandant s'il est plus français, donc plus prioritaire, pour percevoir les prestations sociales que le cousin, le voisin, le collègue de travail, le partenaire du club de foot, etc. Et pour les immigrés ? Le plus probable, c'est que, même privés des aides, ils resteront en France. On verrait alors rapidement se recréer des bidonvilles et exploser la pauvreté, la violence et des épidémies que l'on pensait éradiquées dans la cinquième puissance économique mondiale. On sait combien, en matière de santé publique, une prise en charge médicale rapide et gratuite est bénéfique : pour les personnes, bien sûr, pour la collectivité aussi, que l'on protège ainsi de risques sanitaires sérieux qui exposeraient l'ensemble de la population française, mais également pour les comptes de la Sécurité sociale. Restreindre des soins d'urgence pour des personnes étrangères en situation de détresse entraînera aujourd'hui l'ajournement, voire l'annulation des traitements ou des soins, puis engendrera, demain ou après-demain, des pathologies plus lourdes à la prise en charge plus coûteuse. Loin de faire faire des économies à l'État, la suppression de l'AME conduirait ainsi à un accroissement des dépenses, donc à un alourdissement des impôts ou des cotisations maladie. Cela, Marine Le Pen a oublié de le dire aux contribuables qu'elle prétend pourtant vouloir défendre contre le « fiscalisme »…

Il faut dire la vérité aux citoyens : les prestations sociales ne sont pas utilisées pour des dépenses de loisir, mais pour des dépenses de base – se nourrir, se soigner, s'éduquer, se loger. Que va faire, pour survivre, le jeune étranger qui ne peut plus aller à l'école, qui ne trouve pas d'emploi ou ne peut plus se soigner ? Il se tournera, au mieux, vers le travail au noir, encourageant ceux qui le pratiquent déjà à persévérer dans cette voie. Et il fera concurrence aux travailleurs français dont le FN prétend se soucier. Inversement, qu'ont fait l'immense majorité des familles qui ont pu accéder à ces prestations ? Elles ont consommé et ont participé au développement national, produit de la richesse et payé des impôts (voir « Z comme Zéro immigré »). Leurs enfants ont pu étudier (dans de plus ou moins bonnes conditions) et apporter leur énergie et leur talent à l'économie. Ils ont travaillé, donc contribué au financement des retraites et de l'assurance maladie. La boucle est bouclée, c'est cela, la solidarité nationale : un système vertueux dans lequel l'amélioration du sort individuel conduit au mieux-être collectif. C'est d'autant plus vrai que, contrairement à l'idée simpliste selon laquelle les immigrés « pèseraient » sur notre système de protection sociale, l'état des lieux fait apparaître, pour la société française, un solde positif : s'ils perçoivent annuellement 47,9 milliards d'euros en dépenses de protection sociale, les étrangers en rapportent 60,3 milliards en cotisations[8]. En réalité, « si l'on faisait deux caisses – l'une pour les "Français" et l'autre pour les "étrangers" –, comme le souhaite le FN, la caisse des étrangers serait équilibrée voire excédentaire et celle des Français déficitaire[9] ». Autrement dit, la mutualisation des moyens et des besoins est d'intérêt… national.

La solidarité nationale est un combat de tous les jours pour la gauche qui en a historiquement posé les grands jalons. Or, l'idée même de solidarité perd du terrain en

8. Audit de la politique d'immigration, d'intégration et de codéveloppement, association des parlementaires, mai 2011.

9. Caroline Fourest et Fiammetta Venner, *Marine Le Pen*, Paris, Grasset, 2011, p. 190.

France. Au nom de la lutte contre la fraude[10], on a fait des chômeurs des « assistés », des « profiteurs ». Laurent Wauquiez, ministre de la République, l'a affirmé : 466 euros de RSA, socle pour survivre, c'est encore trop – heureusement que son sous-courant au sein de l'UMP s'appelle la droite « sociale »… Comme si le mal, c'était les chômeurs et pas le chômage !

Pour le FN, l'équation est plus simple : les « assistés » se reconnaissent à leur passeport. La réalité, c'est que pour tous, depuis dix ans, les minima sociaux chutent : ils représentaient 50 % du revenu médian en 2001, ils n'en représentent plus que 40 % aujourd'hui. Cette situation est spécifique à la France : les minima sociaux en Europe atteignent en moyenne 60 % du revenu médian, 75 % dans les pays les plus solidaires – Allemagne, Pays-Bas, pays nordiques. On dit souvent que la France a l'État-providence le plus achevé du monde. C'est vrai pour l'assurance : les Français qui travaillent et cotisent sont bien protégés contre les risques de la vie. C'est faux pour la solidarité : nous avons les minima sociaux parmi les plus bas d'Europe, et le gouvernement s'acharne à les restreindre encore.

Depuis la fin des années 1970, la société française a connu des transformations sociales nombreuses : chômage de masse, chômage des moins de 25 ans et des plus de 50 ans, développement des contrats à durée déterminée, de l'intérim, des emplois à temps partiel, de la mobilité imposée – notamment pour les femmes sans qualification –, qui sont à l'origine de nouvelles formes de pauvreté. On compte aujourd'hui en France plus de sept millions de

10. La fraude aux allocations représenterait selon les estimations les plus pessimistes environ 2 % de l'ensemble des allocations sociales.

personnes pauvres[11], soit environ 13 % de la population. Ces transformations et ces risques doivent s'accompagner de nouveaux droits. Accès aux biens publics essentiels (eau, gaz, électricité), baisse des prix des produits de première nécessité, accès à des logements dignes construits en nombre suffisant, relèvement du salaire minimum, mise en place d'une sécurité sociale professionnelle : c'est à forger ces outils bien plus complexes qu'un rétrécissement sur une base ethnico-identitaire du nombre de bénéficiaires d'un système en souffrance que nous devons, ensemble, nous atteler.

11. En France, un individu peut être considéré comme « pauvre » quand ses revenus mensuels sont inférieurs à 791 ou 949 euros (données 2008) selon la définition de la pauvreté utilisée (seuil à 50 % ou à 60 % du niveau de vie médian). Le revenu pris en compte est le revenu dit « disponible » : après impôts et prestations sociales. Voir http://www.inegalites.fr

B comme « Baisse du pouvoir d'achat »

« Sortir de l'euro créera du pouvoir d'achat. »
Argumentaire du Front national, 2 mars 2011.

Avec la préférence nationale, le retour au franc est *la* proposition phare du FN estampillé Marine Le Pen. Il est même sa potion magique, celle qui explique et résout tout : la croissance molle, le chômage, l'endettement, la baisse du pouvoir d'achat. Le débat ne doit pas être esquivé : il n'est ni illégitime ni médiocre. Le devoir de la gauche est de se tourner vers les nombreux Français – souvent les plus modestes – que ce discours séduit, pas de les ignorer ni de les mépriser.

Sur le pouvoir d'achat, le raisonnement frontiste est limpide : « La mise en place de la monnaie unique s'est traduite par la vie chère […], sortir de l'euro, c'est donc sortir de la vie chère. » Clair, net, sans bavure. Les Européens et leurs dirigeants, en France, en Allemagne, au Portugal, en Irlande ou en Grèce, sont-ils donc si masochistes que personne n'ait encore souhaité rejoindre ce cercle du bon sens ? La réalité est sans doute plus complexe.

L'euro a-t-il pesé sur le pouvoir d'achat des Français ? Le nier serait mensonger. Même si l'Europe connaissait déjà une inflation d'environ 3 % lorsque la monnaie unique a été mis en place, certaines entreprises – la grande distribution mais également de petits commerces où les contrôles étaient difficiles – en ont souvent profité pour arrondir leurs prix à l'euro supérieur ou davantage. La réglementation sur les prix et la lutte contre les concentrations et les pratiques déloyales ne semblent pas avoir été la priorité des gouvernements de droite au pouvoir depuis 2002… Dans le même temps, personne ne peut sérieusement contester que l'inflation dans la zone Euro a été stabilisée autour de 2 % par an depuis 2001. Les États-Unis et le Royaume-Uni auraient aimé présenter pareil bilan. Les taux d'intérêt faibles permis par l'euro ont facilité l'accès au crédit et aidé des millions d'Européens à devenir propriétaires. Et si le crédit a été restreint pour les particuliers ou pour les entreprises depuis deux ans, c'est le fait des établissements bancaires que le gouvernement a accepté de refinancer lors de la crise des « subprimes » sans les contraindre, en contrepartie, à prêter à l'économie réelle. Voilà le paradoxe de l'euro : un bilan psychologique et politique contrasté, mais des résultats positifs mesurables.

Dans une Europe qui souffre des égoïsmes nationaux, le diagnostic du docteur Le Pen est donc au mieux erroné, au pire fallacieux. Son remède serait mortel et les Français en seraient les premières victimes. Le FN le reconnaît lui-même : la sortie de l'euro serait accompagnée d'une dévaluation du nouveau franc d'environ 25 %. Petit détail, notre dette détenue à 69 % par des étrangers resterait libellée en euros. Traduction : notre monnaie serait 25 % plus faible mais notre dette 25 % plus chère. Le Front national et ses experts devront alors expliquer aux Français comment ils s'y prendront pour la rembourser sans augmenter massivement les impôts.

Joker ! Pour le FN, la dévaluation du franc Le Pen serait « compétitive », c'est-à-dire qu'elle entraînerait une augmentation rapide et massive des exportations françaises qui soutiendrait la croissance, donc l'emploi, donc le pouvoir d'achat. Si ce scénario est loin d'être évident (voir *S comme « Sortie de l'euro »*), il doit au moins prendre en compte une donnée que l'extrême droite passe sous silence : le renchérissement des produits importés dont l'ampleur du déficit commercial montre toute l'importance. Pour maintenir le faible avantage de compétitivité puis pour rapidement éviter la faillite, les impôts augmenteront en même temps que la part des produits fabriqués hors de France, des produits de consommation courante (téléviseurs, vêtements…) aux denrées alimentaires (café, riz…) en passant par les carburants (essence, gaz, fioul) : « Logiquement, ce que nous vendons coûterait alors 25 % moins cher au reste du monde, et nous payerions 25 % plus cher les produits venus de l'étranger. Les populations les plus défavorisées […] seraient les plus durement touchées par cette augmentation des prix [1]. » Double puis triple peine, si l'on songe enfin à ceux des Français dont l'essentiel du revenu est directement dépendant de l'inflation et de l'état des finances publiques : les fonctionnaires et les salariés tributaires de l'augmentation du point d'indice et du Smic, les retraités, les chômeurs et les personnes handicapés qui vivent de leurs pensions, indemnités et allocations.

À ceux-là, la gauche doit dire que le projet du FN et de sa présidente, candidate auto-déclarée « des faibles et des sans-grade », est un miroir aux alouettes. Contre le lepénisme qui ruinerait les Français, face au sarkozysme qui n'a tenu aucune de ses promesses et fait reculer la compétitivité du pays, une autre politique est possible.

---

1. « Sortir de l'euro : réponse au FN », de Thomas Guénolé et Arnaud Lavalade, *Les Échos*, 8 août 2011.

Une autre politique des revenus en organisant chaque année une conférence salariale nationale qui aura vocation à établir un cadre général d'évolution des salaires pour orienter les discussions dans les branches professionnelles et les entreprises ; en conditionnant le maintien des exonérations de cotisations sociales à la conclusion d'accords dans l'entreprise sur l'égalité salariale entre les hommes et les femmes ; en baissant l'impôt sur les sociétés des entreprises qui reversent leurs bénéfices en salaires, formation, innovation..

Une autre politique sur les prix en agissant pour casser les oligopoles dans la grande distribution ; en favorisant les circuits courts pour les laitages, les viandes et les légumes par exemple, notamment via la commande publique ; en bloquant le prix des produits de première nécessité.

Une autre politique énergétique en taxant les superprofits pétroliers pour investir dans l'isolation des logements et réduire la facture énergétique, en rendant les prix de l'électricité et de l'essence progressifs selon l'usage et les revenus des consommateurs.

Une autre politique du logement en plafonnant par la loi le montant des loyers lors de la première location ou à la relocation et en engageant un plan de construction sur cinq ans de 150 000 logements sociaux.

Face aux incantations et aux renoncements, la gauche que nous défendons est une gauche des solutions.

C comme « Culture »

> « Les Journées du patrimoine [sont] une preuve du besoin irrépressible des hommes de retrouver leurs racines, de communier avec leurs cultures nationales, dans un monde dominé par l'impérialisme culturel américain [et] l'idéologie du métissage obligatoire à tous les niveaux. »
>
> Blog de Bruno Gollnisch, 20 septembre 2010.

Avril 2011, le Front national dévoile son « projet économique » pour 2012. Son projet culturel, lui, peut attendre…

L'absence structurelle de propositions frontistes en la matière traduit un profond désintérêt, que masque mal la promotion d'une identité culturelle nationale fantasmée. Au FN, il en va de la culture comme du reste : le slogan sert d'analyse, l'approximation de réflexion. Comme s'il était lesté par deux boulets l'empêchant d'avancer au rythme du monde : celui qui réduit la culture au patrimoine et celui qui réduit l'original au national. Les dirigeants frontistes évoquent de façon incantatoire une culture réduite à un passé privé de sa vitalité, de son actualité, qui cultive l'élitisme non pour ce qu'il transmet d'excellence, mais pour ce qu'il empêche de partage. C'est la « France moisie » si bien identifiée par Philippe Sollers : « À quoi bon les penseurs et les artistes qui ont tout compliqué comme à plaisir, Heidegger, Sartre, Joyce, Picasso, Stravinski, Genet,

Giacometti, Céline ? La plupart se sont d'ailleurs honteusement trompés ou ont fait des œuvres incompréhensibles, tandis que nous, les moisis, sans bruit, nous avons toujours eu raison sur le fond, c'est-à-dire la nature humaine [1]. »

Le patrimoine vu par le FN est étriqué et figé. Ainsi propose-t-il de faire de l'Académie française « l'autorité de référence de la langue française » dont l'une des missions sera de « revenir sur les réformes récentes comme la féminisation des noms [2] ». Par son approche statique, sa mentalité d'assiégé, le FN se prive de la complexité profonde du patrimoine culturel, de la créativité qui s'y manifeste, traversée de confrontations, de recherches, d'interrogations que l'on retrouve sous d'autres formes dans les voies de la création contemporaine.

Pour pouvoir mieux entraver cette dernière, neutraliser l'inventivité artistique et culturelle, le Front prétend « redonner la parole au public », comme s'il n'existait qu'une parole et qu'un public. Sans oublier que la France culturelle doit aller aux Français : « Les structures d'insertion professionnelle (dans les opéras, les orchestres, les théâtres) seront développées ou créées et réservées aux nationaux » – par exemple, le futur directeur de l'Odéon, Luc Bondy, devra retrouver son passeport suisse pour aller vaquer hors de l'Hexagone…

À défaut d'un projet, que donnent à lire les initiatives des élus frontistes sinon un dégoût profond pour tout ce qui n'est pas lisse et univoque, aplati et fade, joli à défaut d'être beau ? Diminution des budgets (les amendements proposés par le FN au budget du Conseil régional Rhône-Alpes dans le cadre de l'accord passé avec Charles Millon sont édifiants, comme le sont, par exemple, les tentatives

1. *Le Monde*, 28 janvier 1999.
2. http://www.frontnational.com/?page_id=1155.

de mettre sous coupe réglée, financière ou administrative, des institutions culturelles de premier plan comme le Théâtre de Châteauvallon à Ollioules près de Toulon ou les Chorégies d'Orange), condamnation de tout ce qui n'est pas conforme au « bon goût » dont la première vertu est de ne pas choquer les « bonnes mœurs » (licenciement de la directrice d'un cinéma d'art et d'essai à Vitrolles justifié par la programmation d'un court-métrage évoquant l'homosexualité ou, plus récemment, manifestation à Avignon contre le *Piss Christ* d'Andres Serrano).

Le pic de l'absurde – ou de la manipulation – est atteint quand le FN se pose en défenseur de l'exception culturelle ! Affirmant que les outils et moyens que lui consacre la puissance publique « relèvent d'une logique de préférence nationale », il assimile la culture française à une culture hexagonale, alors même que ces dispositifs – équipements, financements, contrats et conventions – visent à préserver, dans notre pays, la création et la diversité culturelles qu'il combat avec tant de hargne par ailleurs.

En fait, le Front national voudrait que les créateurs produisent une culture sans idées, des artistes qui parlent mais qui surtout ne disent rien. On se souvient du « murage » d'une salle de café-musique farouchement opposée au FN à Vitrolles en 1997, ou encore de la création d'un « comité de lecture » par la municipalité Mégret pour surveiller les livres mis en rayon dans les bibliothèques de la ville. Que penser alors de certaines figures illustres de notre patrimoine, Hugo, Zola, Manet ? Le fait qu'ils aient eu des convictions a-t-il rendu leurs œuvres moins puissantes, moins fortes, moins esthétiques ?

Le Front voudrait faire croire qu'il n'est point de salut hors la culture « bleu-blanc-rouge ». Mais comment alors, dans cette vision desséchée de la création, penser la place de Picasso, de Kandinsky, de Van Gogh, de Noureev, d'Albert

Cohen, de Sédar Senghor, d'Assia Djebar, d'Édith Piaf, de Kundera, et de tant d'autres dans la culture française ? Comment penser le rayonnement et la capacité d'attraction de la culture française sans voir qu'ils sont liés à sa capacité à accueillir d'autres horizons, l'ailleurs, l'universel comme le singulier ? Le FN pense que l'art naît du consensus, que sa route est droite, alors qu'il se vit aussi dans les hésitations, les recherches, l'interpellation et, parfois, la provocation et la rupture.

Dès lors, le FN est pris au piège de plusieurs de ses contradictions. Entre son rejet de l'intervention publique (État, collectivités territoriales) et l'impossibilité de penser une politique culturelle publique sans puissance publique. Entre une vision passéiste de la culture ramenée au seul patrimoine, lui-même changé en monolithe immobile, et son incapacité à penser la préservation et la valorisation de ce patrimoine, la connaissance de sa richesse, la créativité dont il témoigne et son rapport permanent à la création contemporaine. Entre son incapacité à penser la création dans sa modernité et le fait que la société, elle, avance…

À ce stade, quelques évidences s'imposent. Si tout n'est pas parfait, loin s'en faut, la France peut se targuer d'avoir une vitalité artistique dont attestent son cinéma, sa littérature, ses arts plastiques, son spectacle vivant, ses arts numériques… Notre pays maintient et développe des initiatives majeures dans la lignée d'une tradition bien française de politique culturelle : ouverture en région et à Paris de lieux de culture et de festivals au rayonnement international tels le musée des Confluences à Lyon, le Studio national d'art contemporain du Fresnoy à Tourcoing, la Gaîté Lyrique, la Friche de la Belle de Mai, le Théâtre du Soleil, Montpellier Danse, Paris en Toutes Lettres et tant d'autres. Le succès de ces lieux montre combien il est vain, comme le fait le

FN, d'opposer culture populaire et culture savante[3]. Contre le dogmatisme de son simplisme, il est bon de rappeler que les artistes, les acteurs de la culture et les citoyens peuvent construire ensemble une relation qui met la culture au cœur de la relation humaine, au centre de nos sociétés.

C'est pourquoi elle est centrale dans le projet de société de la gauche. En sachant que l'ouvrage doit être sans cesse remis sur le métier. Pour enrayer la pente préoccupante de la décennie écoulée – un patrimoine muséifié, peu entretenu et parfois bradé, les conditions de travail et de vie des professionnels fragilisées par les suppressions de postes et de financements, une appréhension de la culture numérique placée exclusivement sous le signe de la méfiance –, mais aussi pour rendre la société plus fraternelle, plusieurs changements s'imposeront durant le prochain quinquennat : faire de l'enseignement des arts et de l'image un des points forts du socle commun d'apprentissage à l'école ; élargir les dispositifs type « Carte jeune » ou « Pass culture » pour des accès préférentiels aux espaces culturels et aux activités de loisirs, comme cela existe déjà dans plusieurs territoires ; encourager les initiatives des industries culturelles et audiovisuelles tout en préservant la diversité culturelle. Pour y parvenir, on estime à 200 millions d'euros par an le rattrapage du ministère de la Culture dont le budget n'a pas augmenté depuis dix ans. Parce que les finances publiques ne permettront pas tout, il faudra faire preuve d'inventivité. Certaines mesures auront un coût neutre, comme celle qui consistera à consacrer 5 % à 10 % du temps annuel des grandes scènes nationales, chorégraphiques, salles de concerts aux jeunes artistes

---

3. En témoigne, par exemple, la contestation systématique par les élus FN du Conseil régional de Haute-Normandie des acquisitions du Fonds régional pour l'art contemporain (Frac).

pour qu'ils puissent rencontrer leur public. De même, pour mettre fin à la privatisation excessive du patrimoine national, les partenariats d'économie mixte pourront être envisagés pour réduire les coûts d'entretien des bâtiments, sous réserve qu'ils soient conditionnés à un projet effectif de valorisation culturelle et à la garantie du caractère public de la propriété.

Enfin, la question culturelle rejoint la question économique, qu'il s'agisse de soutenir l'emploi culturel en faisant évoluer le régime spécifique d'assurance chômage pour les intermittents, d'encourager le modèle coopératif pour les entreprises artistiques ou encore de financer la création numérique grâce à de nouvelles contributions partagées (opérateurs, fournisseurs d'accès à Internet, etc.). Avec des stratégies créatives, les industries culturelles peuvent être des leviers de croissance, d'emploi et d'innovation pour d'autres secteurs. Tout cela, Marine Le Pen, née en 1968, pourrait le méditer.

D comme « Dette »

« Sortir de l'euro fera baisser notre dette. »
Argumentaire site internet du Front national, 5 juillet 2011.

Hypothèse : printemps 2013, Marine Le Pen est présidente de la République depuis un an. Les six à huit mois de transition sont passés : la France sort de l'euro, revient au franc et procède à une dévaluation d'environ 20 %. La part de dette française – qui est détenue à près de 70 % par des créanciers étrangers, peu soucieux des effets de la dette sur notre vie quotidienne – reste libellée en euros et augmente d'environ 15 points de PIB. La signature de la France, une des plus sûres du monde, se dégrade. Les taux d'intérêt à long terme sur les emprunts d'État français montent en flèche. En même temps, le nouveau pouvoir poursuit la mise en œuvre de ses priorités pour le quinquennat et fait chauffer la Carte bleue : « La nationalisation (dans le secteur de la banque et de l'énergie) ? Une grosse centaine de milliards d'euros. L'indexation des salaires sur l'inflation (qui, nécessairement, reprendra son envol) ? Plusieurs centaines de milliards d'euros. En comparaison, la création d'un revenu parental à 15 milliards d'euros paraît une peccadille [1]. »

1. Olivier Pastré, « Marine Le Pen = 0 en économie », *Le Figaro*, 23-24 avril 2011.

Il y a, chez la présidente du Front national, un côté Mère Noël distribuant les cadeaux sortis d'une hotte sans fond. Un numéro d'équilibrisme, ou plutôt d'illusionnisme, qui ne résiste pas à la confrontation sérieuse. Ce fut le cas sur le plateau de France 2, quand un journaliste économique, François Lenglet, tableaux et données internationales à l'appui, poussa Marine Le Pen dans ses retranchements à propos de la dette :

MARINE LE PEN. – Monsieur Lenglet, cette discussion, j'ai le sentiment qu'elle n'a ni queue ni tête, bon, je ne pense pas que les Français comprennent…

FRANÇOIS LENGLET. – Je pense qu'elle intéresse beaucoup les gens… […]

On notera au passage la référence au peuple-qui-ne-comprend-rien, généralement utilisée par ceux-là mêmes que le FN dénonce, les « experts », les « sachants ». Un peu plus tard, au cours de l'échange, le propos estomaque :

MARINE LE PEN. – C'est que… vous savez que l'économie ce n'est pas de la comptabilité, parce que sinon les comptables seraient économistes…

FRANÇOIS LENGLET. – C'est des chiffres quand même [2] !

Comme disait le psychanalyste Jacques Lacan, le réel, c'est quand on se cogne. Le chemin proposé par le FN dans son programme économique ressemble à la quadrature du cercle. Quelles seraient les conséquences réelles des options qu'il recommande ?

2. France 2, *Des paroles et des actes*, 23 juin 2011.

Que l'endettement de la France soit une épée de Damoclès qui pèse sur son avenir, c'est une réalité. Raison de plus pour aborder le sujet avec le plus grand sérieux. Qui peut croire Marine Le Pen lorsqu'elle affirme que si elle était « demain aux responsabilités, la France rembourserait sa dette d'environ 1 600 milliards d'euros d'ici 2012 [3] » ? Personne, pas même elle qui a, dans la foulée et par voie de communiqué, rectifié le tir : « Il fallait entendre "2025" », ce qui équivaut encore à réduire la dette de 100 milliards par an – objectif intenable sans une politique de purge sociale et de gel des investissements que le Front national, par ailleurs, affirme ne surtout pas vouloir…

Le début du raisonnement frontiste ressemble davantage à une esquive qu'à une réponse. La « hausse limitée de la dette n'est pas du tout une certitude », peut-on lire dans les documents du FN, car « la sortie de la France, peut-être au même moment que d'autres pays, de la zone Euro, se traduirait probablement par une disparition de la monnaie unique. […] Et dans ce cas, la France serait en position de force pour négocier avec ses créanciers la conversion de la part extérieure de notre dette en nouveaux francs. » Qu'aucun des États européens n'ait émis le souhait de revenir à sa monnaie nationale pourrait chiffonner les experts qui conseillent Marine Le Pen. Au plus fort de la tempête, ils ont même exprimé le contraire. Face au chaos monétaire que représenterait une sortie unilatérale de la France – pays fondateur de l'Europe – de la zone Euro, il est peu probable que le choix de nos voisins soit de sauter dans l'inconnu et d'en revenir au jeu mortifère des dévaluations. Marine Le Pen prétend que « la seule solution qui vaille, c'est la restauration de la liberté monétaire [qui] permettra aux États de mener la politique de change

3. RMC Info-BFM TV, 10 décembre 2010.

adaptée à leurs besoins[4] ». L'ennui, c'est qu'elle est la seule en France et en Europe à penser que le solo monétaire français ferait école.

Le FN reconnaît d'ailleurs lui-même – implicitement – que son raisonnement ne tient pas lorsqu'il expose la politique qu'il engagerait pour réduire « rapidement » l'endettement d'une France sans l'euro. C'est une stratégie à usage multiple puisque interviendrait, trente ans après la dernière en date, la fameuse « dévaluation compétitive » du franc, véritable couteau suisse de l'extrême droite censé muscler la croissance, donc les recettes de l'État. Les conséquences d'un tel choix (voir *S comme « Sortie de l'euro »*) n'ont jamais été, dans l'histoire économique de notre pays, les plus propices à la construction d'une compétitivité solide et durable. Et ce n'est pas la roue de secours représentée par une contribution exceptionnelle prélevée sur les avoirs extérieurs en euros et en autres devises des institutions financières françaises – qui seraient déjà laminées par les dévaluations enclenchées par Marine Le Pen – qui changerait la donne…

Au cas où les formules incantatoires ne suffiraient pas à convaincre, le Front national possède une carte maîtresse : l'abrogation de la loi du 3 janvier 1973 dite Pompidou-Giscard, qui interdit à la Banque de France de prêter au Trésor. Sa démonstration tient dans un syllogisme. A) Les taux d'intérêt élevés fixés par les marchés financiers sont responsables du niveau de la dette française depuis trente ans. B) Or, la charge de la dette crée un endettement supplémentaire qui nous empêche de la résorber. C) Donc, il faut autoriser le Trésor à emprunter auprès de la Banque de France à taux faible ou nul. C'est la réinvention par l'extrême droite du mythe de la dette indolore portée par le

4. *Les Échos*, 21 juillet 2011.

recours à la planche à billets qui permet de financer nos emprunts en créant de la monnaie à volonté, à taux d'intérêt nul ou quasi nul. Partout dans le monde, ce choix a fait exploser l'inflation avec des conséquences désastreuses sur la croissance et l'emploi. Les citoyens paieraient trois fois cette douloureuse expérience : comme salariés, comme consommateurs, comme contribuables. Même en utilisant des mots savants et des références anciennes, il y a une différence entre faire croire et faire.

Face à l'enjeu majeur que représente un endettement public massif, la gauche ne se dérobe pas. Elle n'a d'ailleurs pas à rougir de son bilan : la dernière fois que le déficit de notre pays a été réduit et que les comptes sociaux ont été équilibrés, le Premier ministre s'appelait Lionel Jospin, les ministres des Finances Dominique Strauss-Kahn et Laurent Fabius, la ministre des Affaires sociales Martine Aubry. En dix ans, la droite a doublé la dette de la France, la faisant passer de 900 à près de 1 800 milliards d'euros entre juin 2002 et juillet 2011. Selon la Cour des comptes, un tiers seulement du déficit budgétaire supplémentaire depuis 2007 – il a doublé en quatre ans – est explicable par la crise et ses conséquences. Les deux tiers du déficit sont imputables à la politique fiscale du président sortant. Depuis 2002, 70 milliards d'euros de cadeaux fiscaux ont été distribués aux clientèles électorales de l'UMP, en particulier aux plus hauts revenus et aux multinationales cotées. Nicolas Sarkozy n'est pas celui qui sortira le pays de l'œil des marchés financiers, il est celui qui nous a rendus dépendants d'eux. Son plan pour les retraites – pourtant non financé au-delà de 2018 – n'a-t-il pas d'abord été conçu pour séduire les trois agences de notation privées qui évaluent les États ?

Ici comme ailleurs, la réalité est la suivante : en matière de finances publiques, et quoi qu'en dise la propagande conjointe de la droite et de l'extrême droite, ce sont les conservateurs qui sont dispendieux et ce sont les socialistes qui sont précautionneux. C'est Clinton qui épongea l'ardoise des baisses d'impôts accordées aux plus riches pendant les années Reagan. C'est un gouvernement libéral qui dissimula la vérité des comptes publics en Grèce et c'est un Premier ministre socialiste qui tente d'éviter le gouffre à son pays. En 2012, seule la gauche peut redresser les comptes grâce à une autre politique fiscale fondée sur un principe fort : même imposition pour les revenus du travail et du capital. C'est un objectif de souveraineté (ne pas être dans la main des spéculateurs), d'efficacité (la solvabilité de l'État est la condition de son bon fonctionnement), de justice (c'est l'intérêt des classes moyennes et de leurs enfants d'éviter que le pays accumule de la dette et rembourse ses intérêts).

Ni les engagements pris devant les Français ni la volonté de préparer la France pour les générations futures ne pourront être réalisés sans redressement des finances publiques. Sur les 70 milliards d'euros de dépenses fiscales inutiles décidées depuis 2002, évaporés dans des niches fiscales et sociales, il faudra revenir, au cours de la législature, sur les 50 milliards d'euros de ces cadeaux fiscaux les plus injustes au plan social et inefficaces pour l'économie. Sur ces recettes supplémentaires, une règle simple – le 50/50 – sera instaurée et respectée : 25 milliards d'euros, soit 5 milliards par an, seront affectés au financement des priorités du changement (création de 300 000 emplois d'avenir pour les jeunes, école primaire et premiers cycles d'enseignement supérieur, construction de logements, lutte contre les déserts médicaux, recrutement de 10 000 postes de policiers et gendarmes), et 25 autres milliards d'euros seront consacrés au désendettement du pays. C'est une nécessité, pas seulement pour garantir la signature de la France sur les marchés, mais pour améliorer la vie quotidienne des Français : mieux vaut utiliser des milliards à moderniser l'Éducation nationale, notre système de santé ou nos infrastructures de transport qu'à rembourser les intérêts de la dette à des créanciers d'Asie, de Californie ou du Moyen-Orient.

L'héritage financier de la droite au pouvoir sera extrêmement lourd. Tout ne sera pas possible tout de suite. Des efforts seront nécessaires pour redresser le pays. Ils ne seront acceptés qu'à la condition d'être justement répartis. Le triangle « redressement-efforts-justice » sera la boussole de la gauche.

E comme « École »

> « L'école, [c'est] une exigence de discipline, avec plus de surveillants, et, si c'est nécessaire, une police des collèges et lycées. »
>
> Marine Le Pen, colloque « Idées & Nation », 16 juin 2011.

Voilà, en résumé, le projet du Front national pour l'école. Baisse générale du niveau, multiplication des élèves en situation de décrochage, difficulté croissante à maîtriser la lecture, l'écriture et le calcul, tous les problèmes de l'Éducation nationale, au fond, auraient une seule et même origine : le laxisme incrusté dans les murs des écoles par quarante ans de politiques post-soixante-huitardes, des enseignants rouges, roses, verts, ou les trois à la fois, accusés de laver les cerveaux au lieu de les remplir, « des syndicats plus soucieux de tester sur nos enfants leurs théories pédagogistes que de chercher à les instruire [1] », sans oublier « l'immigration de masse [2] ». Peu importe que la plupart des politiques engagées au cours des dernières décennies aient permis à des millions de jeunes d'accéder aux études supérieures. Le FN en est convaincu : rien de tel que la peur du gendarme pour apprendre. 66 000 postes de

1. Marine Le Pen, « Lettre ouverte aux professeurs et parents d'élèves », 11 février 2010.

2. Marine Le Pen, vidéo « Refonder l'école », 11 juin 2011.

professeurs ont été supprimées depuis 2007, Marine Le Pen veut embaucher massivement... des surveillants et créer une police scolaire. Ces milliers de policiers manquent déjà sur le terrain, dans les quartiers populaires au premier chef, peu importe, ils feront des journées doubles : les cours de récréation le jour, les caves des cités la nuit. Alors, dit le FN, créons ces emplois publics au niveau des conseils régionaux. Une telle politique coûterait cher aux budgets des régions, qui ne décident désormais que de 6 % de leurs recettes : les hausses d'impôts locaux pour financer la « police des lycées » seraient massives, à moins que d'autres compétences régionales – la formation professionnelle, la recherche, les infrastructures d'avenir, la culture ou le sport – ne servent de variable d'ajustement. Dans les deux cas, il faut dire la vérité à l'électeur-contribuable : combien ces promesses vont-elles coûter en impôts supplémentaires ou en services supprimés ? Ces problèmes méritent des réponses autrement plus sérieuses (voir *I comme « Insécurité »*).

Et les politiques éducatives en tant que telles ? Là non plus, pas de révolution « bleu marine » à l'horizon : le « nouveau » FN a sorti du magasin des accessoires les totems de l'ancien. Sans surprise, retour à la sélection. La proposition phare ? « Des bourses au mérite en fonction des notes[3] ». Un détail, si l'on ose dire : ces bourses au mérite... existent déjà ! Elles complètent d'autres bourses ou allocations, dépendant du revenu des parents. Que pense le parti nationaliste des bourses placées sous condition de ressources ? Rien, et son silence est assourdissant car les baisser reviendrait à réduire la possibilité pour des milliers d'élèves issus des milieux populaires de faire des

3. *Idem.*

études supérieures. Clarifier ce point ne serait pas du luxe dans le futur programme du FN pour 2012…

À bien lire la prose frontiste, l'ascenseur social s'arrêterait même un étage en dessous de l'université : le FN souhaite l'abandon de l'objectif des 80 % d'une classe d'âge au baccalauréat et la fin des options « inutiles » pour « revaloriser le diplôme » afin de « privilégier les bibliothèques aux terrains de foot, et les cours de maths aux cours de rap » ! Curieuse équation : il faudrait moins de bacheliers pour revaloriser le Bac, moins d'options donc moins de connaissances – en humanités, langues étrangères, musique ou sport… – pour former de meilleurs élèves. Au final, ceux qui en souffriront seront toujours les mêmes, les élèves issus des milieux modestes et des quartiers populaires pour lesquels les seules réponses du FN sont le travail – l'apprentissage dès 14 ans – et la perspective d'être une main-d'œuvre docile pour le Medef, la fin des zones d'éducation prioritaires et la suppression des allocations familiales « aux familles d'élèves perturbateurs ». Peu importe d'ailleurs les piètres résultats de ce type de mesures là où elles ont été mises en place ! Ainsi, au Royaume-Uni où des peines de prison, en plus des sanctions financières initiales, sont appliquées aux parents des élèves régulièrement absents ou turbulents, le taux d'absentéisme a explosé ces dernières années.

Le Front national a aussi ses idées sur le contenu des programmes scolaires. Fini les établissements « lieux de vie » et les professeurs « animateurs sociaux ». Désormais revêtus de « tenues vestimentaires sobres », les élèves cesseront d'être les « cobayes des pédagogistes, des Meirieu et autres professeurs Zébulon [4] ». Exit les commissions pédagogiques et la consultation des enseignants pour la

4. Marine Le Pen, colloque « Idées & Nation », 16 juin 2011.

définition des programmes, le FN sait déjà parfaitement quoi et comment apprendre aux enfants. Sur la lecture, Marine Le Pen défend la suppression de la méthode globale d'apprentissage... déjà abandonnée depuis plusieurs années au profit d'une approche mixte qui allie méthode syllabique et méthode globale, dont l'efficacité est prouvée par les études réalisées sur le sujet. Sur le terrain des régressions, le FN veut également favoriser l'apprentissage de la langue française par rapport aux langues étrangères dans les petites classes, comme si les unes étaient un frein à l'autre. Les expériences internationales montrent, à l'inverse, que l'étude des langues étrangères est le complément – non le concurrent – de l'enseignement de la langue maternelle et que leur maîtrise est renforcée par un apprentissage précoce. En 2012 ou plus tard, si le FN parvient aux responsabilités du pays, le repli national s'enseignerait dès le plus jeune âge : une fois la France sortie de l'Europe, quel intérêt les enfants auront-ils à s'exprimer dans une autre langue ? En cas de victoire frontiste, les programmes d'histoire n'échapperaient pas non plus au syndrome du « village gaulois » : « Tous les thèmes devront être dépolitisés et cesser de nourrir les amalgames douteux qui justifient une quelconque haine à l'égard de la France [5] » et on libérera enfin l'école, « otage de tous les communautarismes [...] arène des luttes, [dans laquelle] seules les traditions d'enseignement françaises sont occultées ». Étrange obsession quand on sait que les jours fériés ne suivent que le calendrier judéo-chrétien...

Prolixe sur les programmes, le Front national ne dit pas grand-chose sur les moyens. Si ce n'est pour dénoncer tantôt la faillite de l'école républicaine, tantôt une

5. « De la restauration de l'école républicaine », argumentaire sur l'Éducation nationale du Front national de la jeunesse, 18 mars 2011.

Éducation nationale trop dispendieuse, un discours auquel la majorité actuelle nous a habitués, au cours des dix dernières années de suppressions de postes, d'abandon de l'éducation prioritaire, de démantèlement de la formation des enseignants, de disparition des Rased... Rappelons qu'en 2007, Jean-Marie Le Pen et sa fille, alors sa directrice de campagne, avaient proposé la suppression de... 20 000 postes de personnels administratifs et techniques dans les écoles, collèges et lycées. Les surveillants, les bibliothécaires, les conseillers d'orientation ou d'éducation et les assistantes sociales apprécieront.

Seules dépenses à trouver grâce aux yeux de l'extrême droite, celles qui seront réalisées au profit des établissements privés – de confession catholique dans 90 % des cas (voir *L comme « Laïcité »*). Le programme du Front national prévoit ainsi de réformer la loi Falloux afin « que les collectivités territoriales ne soient pas limitées dans le financement des travaux et des équipements (matériels pédagogiques des classes[6]) » de ces établissements privés. Mieux, il promet un « chèque éducation » pour financer la scolarité d'enfants de milieux défavorisés dans un établissement privé, couplé à la suppression totale de la carte scolaire « afin de permettre d'accroître une certaine mixité sociale conditionnée par un retour à l'élitisme ».

Si les difficultés de l'école publique sont une réalité que personne ne peut esquiver, aucune de ces solutions taillées à la tronçonneuse, faites de nostalgie d'un bon vieux temps fantasmé, d'effets d'annonce, de préférence pour le court terme, ne peut constituer une réponse efficace au défi scolaire du pays. Ce n'est pas dans « la méthode d'apprentissage » ou le « pédagogisme » que l'école s'est perdue, mais d'abord dans son incapacité à résorber les inégalités

6. *Idem.*

entre les élèves – thème étrangement absent des textes du FN. Ce n'est pas en développant les cours particuliers et l'enseignement privé payant que les inégalités scolaires se réduiront ; au contraire, on les creusera. Ce n'est pas non plus en continuant à supprimer des postes que seront réaffirmées l'autorité des enseignants et l'efficacité des enseignements. Enfin, ce n'est pas en supprimant la carte scolaire que sera encouragée la mixité sociale, ni en renforçant les ghettos que les jeunes qui les habitent atteindront l'excellence.

Pour la gauche, l'équation est simple : l'école est le premier projet, donc le premier sujet et le premier budget. Tous les moyens possibles devront être mobilisés pour faire repartir un système à bout de souffle : depuis plus de quinze ans, les performances de notre système en termes d'accès aux lycées, au baccalauréat et à l'enseignement supérieur n'ont pratiquement pas évolué, après la forte croissance qui avait suivi 1981. Bien entendu – c'est une leçon tirée de l'expérience autant qu'une obligation liée à la crise des finances publiques –, ces moyens ne seront pas seulement financiers : l'école doit être réformée.

L'enjeu décisif, c'est la refonte de l'enseignement scolaire pour la petite enfance, à la racine des inégalités. Il faudra rendre l'école obligatoire dès l'âge de 3 ans, afin d'éviter que l'école maternelle cesse d'être vue comme une garderie, mais soit au contraire considérée comme un véritable lieu d'apprentissage. Garantir à tous les élèves l'acquisition d'un socle commun de savoirs et de compétences (lire, écrire, compter, cliquer), mais aussi les codes et règles de la vie en société. S'attaquer sérieusement à la question des rythmes scolaires, en prenant réellement en compte les besoins des élèves.

Le deuxième grand pilier d'un nouveau pacte éducatif pour la Nation, c'est la revalorisation de l'enseignement secondaire. Les études, qu'elles soient internationales ou françaises, font apparaître un taux très élevé, trop élevé, d'élèves en échec lourd à la fin de la scolarité obligatoire : 20 % d'élèves en grande difficulté de lecture et dépourvus de tout diplôme de l'enseignement secondaire. Pour lutter contre ce phénomène, il faut renouer avec une politique des cycles afin de réaffirmer la nécessaire continuité entre primaire et secondaire : pour l'élève, le passage d'un niveau d'études à un autre ne doit pas être une rupture. Pour cela, il faudra qu'entre le primaire, le collège et le lycée, les élèves bénéficient d'une culture et d'enseignements communs, enseignements généraux mais aussi culture technologique, professionnelle et artistique. Plus encore, la participation d'enseignants du primaire au collège et de professeurs du collège au lycée dans le cadre de projets communs pourrait être expérimentée, puis généralisée.

En même temps, une politique ambitieuse pour la réussite dans l'enseignement supérieur et l'accès à l'emploi devra être impulsée. Cela suppose une réforme du service public d'orientation dans lequel les régions, au plus proche des bassins d'emploi et des territoires, auront un rôle renforcé. Il faudra enfin s'attaquer sérieusement aux premiers cycles et notamment à la première année à l'université en améliorant le volume horaire et le taux d'encadrement ; en créant un véritable socle pluridisciplinaire, première étape de la spécialisation ; en misant sur l'insertion professionnelle par des modules professionnalisants et des stages professionnels. Dans le même temps, l'offre de formation dans les filières technologiques et professionnelles au niveau Bac+2, +3 et +5 et dans l'alternance sera renforcée.

Ces politiques ne pourront être engagées ni réussir sans plusieurs préalables. En premier lieu, l'impératif d'égalité est incontournable : une nouvelle sectorisation devra être établie, en prenant en compte un indice de mixité sociale qui impliquera l'enseignement privé. La dotation de moyens devra être modulée non plus par zones, mais par établissements en tenant compte des spécificités sociales de chacun d'entre eux. Le traitement des professeurs dans les zones d'éducation prioritaires devra être revalorisé. D'une façon générale, le lien entre la Nation et ses enseignants – c'est indispensable – devra être renoué. Le métier d'apprendre doit être revalorisé, ce qui signifie, par exemple, le rétablissement d'une véritable formation initiale et le développement des moyens pour le suivi des élèves avec un personnel suffisant. Dernier préalable, à moins que ce ne soit au fond le seul : la République. L'école est le lieu des savoirs, mais aussi celui de la transmission des valeurs et de l'apprentissage de la vie en société. Dans les enceintes scolaires, la sécurité, la laïcité, l'égalité, le civisme sont, quand on est de gauche, des impératifs catégoriques. Pour changer l'école, il faut l'aimer.

F comme « Fiscalité »

> « Remettre à plat le système fiscal. […] Fusionner les impôts, au profit de cinq impôts. […] Introduire la justice partout via la progressivité de l'impôt. »
>
> Projet économique du Front national, avril 2011.

L'électeur habitué à la rhétorique libérale du Front national époque Jean-Marie Le Pen ne peut qu'écarquiller les yeux à la lecture des propositions fiscales de sa fille. En deux pages, les mots « justice » et « progressivité » apparaissent six fois chacun ! On semble loin de la baisse des prélèvements obligatoires de 10 points du PIB, de la suppression progressive de l'impôt sur le revenu et de l'exclusion de la résidence principale de l'assiette de l'impôt de solidarité sur la fortune (ISF) défendues par le parti d'extrême droite en 2007. Sans parler de la suppression de la CSG et de la CRDS proposée en 2002. Père et fille n'ont apparemment pas les mêmes livres de chevet. L'un prônait un thatchérisme bon teint, quand l'autre dit s'inspirer des travaux de Thomas Piketty, économiste proche de la gauche, et de Pierre-Alain Muet, député PS du Rhône !

Sauf qu'après le survol, malheureusement, vient l'atterrissage – brutal. Dans le domaine fiscal comme dans d'autres, Marine Le Pen a sauvegardé le trait principal des programmes de son père : une approximation si grande qu'elle en est dangereuse. Ses propositions pour l'impôt sur le revenu ? Une fusion de l'impôt sur le revenu et de la CSG est évoquée. Pour le reste, « des précisions seront apportées prochainement », indique sans rire le document du Front national. Impôt sur les sociétés ? « Des précisions seront apportées prochainement. » Impôts sur le patrimoine ? « Des précisions seront apportées prochainement. » Copier-coller les têtes de chapitre du projet fiscal du Parti socialiste – rapprochement CSG-IR en un impôt citoyen vraiment progressif, modulation de l'imposition des sociétés selon le réinvestissement des bénéfices, suppression des niches fiscales injustes et inefficaces, telle la « niche Copé » sur l'exonération des plus-values pour les cessions de participation dans des filiales qui représente un manque à gagner de 8 milliards d'euros par an et qui ne sert que les grands groupes – ne saurait suffire pour se voir décerner un brevet de justice fiscale et sociale.

Le même sentiment d'improvisation prévaut lorsqu'on prend connaissance des rares mesures étayées que le FN veut mettre en œuvre. Il y a l'incantatoire : baisse massive de la TIPP sur les carburants en cas de dévaluation de la monnaie, sans qu'il soit précisé comment la perte de recettes pour l'État serait compensée ; baisse de la TVA sur les produits fabriqués en France, sans un mot sur les mesures de rétorsion que mettraient immanquablement en œuvre nos partenaires commerciaux alors même que le FN escompte booster nos exportations grâce au retour au franc ! (Voir « S comme Sortie de l'Euro »). Et il y a le farfelu : par exemple, le FN veut supprimer l'ensemble des impôts dont le rendement est inférieur à 100 millions d'euros. L'idée est aussi séduisante que facile à exprimer dans les médias : il s'agit d'un chiffre rond. Mais combien ce nouveau plancher coûterait-il au budget de l'État, déjà mal en point ? Les « experts » du FN ont préféré ne pas tenter l'addition. Pas plus qu'ils ne justifient certaines suppressions, telles que le prélèvement sur les jeux en ligne (recettes : 62 millions d'euros), la taxe spéciale sur la publicité télévisée (recettes : 70 millions d'euros) ou encore la taxe forfaitaire sur les métaux précieux, les bijoux, les objets d'art, de collection et d'antiquité (recettes : 41 millions d'euros). Surtout, le FN doit expliquer comment il entend compenser la perte de recettes des personnes morales auxquelles l'État affecte aujourd'hui les taxes qu'il entend supprimer. Elles ne sont pas quantité négligeable ; qu'on songe au secteur social, aux collectivités territoriales, aux organismes de formation professionnelle, au secteur de l'équipement, du logement, des transports et de l'urbanisme, au secteur agricole, au secteur de l'industrie, du commerce et de l'artisanat, aux organismes de protection de l'environnement ou au secteur culturel…

La profonde injustice fiscale que ressentent les Français mérite des réponses plus sérieuses. Ceux qui ont tiré leur épingle du jeu sont les hauts revenus, protégés pendant six ans par le bouclier fiscal, qui par le truchement des aides fiscales finissent par bénéficier d'une imposition dégressive, et les grandes entreprises cotées qui, à force de manœuvres de défiscalisation, parviennent à acquitter un taux moyen d'impôt sur les sociétés de 8 %, parfois moins, contre 30 % environ pour une PME et 12 % pour une entreprise de taille intermédiaire. Dans le même temps, la multiplication des dépenses fiscales (la dénomination technique et pudique pour les « niches » fiscales et sociales), dont le coût a crû de 55 % depuis 2004, a privé l'État et la Sécurité sociale de recettes indispensables au financement des politiques publiques et de la couverture sociale, creusant les déficits, faisant exploser la dette publique et aggravant la précarité.

Dans une période de crise intense des finances publiques, une politique fiscale de gauche doit répondre au double objectif de croissance et de justice. C'est l'ambition du grand impôt citoyen sur le revenu qui sera créé en 2012, à partir du rapprochement de l'impôt sur le revenu et de la CSG. Il garantira un financement autonome de la Sécurité sociale susceptible d'équilibrer les comptes sociaux. Il s'agira d'un impôt citoyen moderne, prélevé à la source, juste car vraiment progressif, utile car réellement productif – le travail et l'investissement seront valorisés tandis que la rente et la spéculation seront taxées.

La croissance et la justice sont des exigences qu'il faudra appliquer aux impôts locaux, en tenant compte des revenus pour le calcul de la taxe d'habitation et de la taxe foncière, mais aussi en procédant à une vaste réforme des finances locales qui renforcera la péréquation – c'est-à-dire le partage de la richesse entre territoires pauvres et territoires mieux dotés, mais aussi au sein des territoires eux-mêmes.

Plus de croissance et plus de justice viendront également du maintien et de la modernisation de l'ISF qui taxera les plus gros patrimoines et les incitera à devenir plus productifs.

Enfin, l'impôt sur les sociétés sera rendu modulable selon le degré de réinvestissement des bénéfices. Concrètement, quand une entreprise consacrera une partie de ses bénéfices à l'achat de matériels ou de machines, à des augmentations de salaires, à la prévention des maladies professionnelles, à des accords de gestion prévisionnelle des emplois et des compétences (GPEC), à des projets d'innovation ou d'export, son taux d'imposition sera abaissé selon un barème favorable à la production et à l'emploi. Inversement, un taux d'impôt sur les sociétés plus élevé sera appliqué aux entreprises qui refuseront de jouer le jeu. Parallèlement, il faudra supprimer les plus scandaleuses et les moins utiles des niches fiscales aux entreprises : baisse revisitée de la TVA sur la restauration qui coûte plus de 3 milliards d'euros au contribuable chaque année sans effets réels sur les prix à la consommation, ou stricte limitation de la « niche Copé ».

La politique fiscale de la gauche au pouvoir sera sérieuse et juste : sérieuse dans les propositions et leur exécution, juste dans la répartition des efforts.

G comme « Gestion »

> « Nous avons beaucoup de handicaps [...] nous n'avons pas un certain nombre ou même un très grand nombre de municipalités, de conseils régionaux, de conseils généraux, nous ne sommes évidemment pas à la tête de l'État. »
>
> Marine Le Pen, France 2, 23 juin 2011.

Les dirigeants du Front national le répètent en boucle : ils n'exercent pas les responsabilités du pouvoir local ou national. L'argument est pratique. Il permet d'être seul contre tous, de jouer les victimes du « système », de se poser en épouvantail de « la bande des quatre » jadis fustigée par Jean-Marie Le Pen, de « l'UMPS » désormais vilipendé par sa fille. Quand on ne convainc pas dans les urnes, il est plus commode de s'en prendre aux institutions qu'aux électeurs qui n'ont pas jugé bon de vous confier les clés de leur avenir.

Autre avantage à ne pas mettre les mains dans le cambouis : tirer profit des difficultés que rencontre inévitablement tout gouvernement ou toute collectivité territoriale. Être contre ce qui est pour et pour ce qui est contre est une rente de situation. Par son opposition continuelle, l'extrême droite surexploite la fonction tribunicienne, agite les problèmes sans activer les solutions, échappe au rendez-vous des résultats auxquels un ministre, un parlementaire, un président d'exécutif territorial est soumis.

Enfin – ce n'est pas le moindre bénéfice de son inaction –, le Front national peut prétendre que ses recettes sont celles dont le pays a besoin. Et pour cause ! N'ayant jamais été mises en place, elles n'ont pu décevoir : CQFD.

C'est là que le bât blesse : le FN a déjà dirigé des collectivités territoriales, en l'occurrence des municipalités. Qu'est-ce qu'une commune sinon une mini-France ? Le parti d'extrême droite en a dirigé plusieurs, à la fin des années 1980 et au milieu des années 1990 – un temps que les moins de 20 ans ne peuvent pas connaître. Étrangement, Marine Le Pen ne fait jamais allusion au retour de ces expériences locales qui sont, comme pour toute formation politique, la démonstration par la preuve.

À chaque fois que des élus frontistes ont dirigé des villes, l'histoire s'est terminée en banqueroute pour les finances publiques. Aux municipales de 1989, à l'issue d'une quadrangulaire, le comte Charles de Chambrun devient le premier magistrat de Saint-Gilles, chef lieu de canton de 10 000 habitants entre Cévennes et Provence. Trois ans plus tard, il est contraint à la démission à la suite du rejet de son budget par le conseil municipal, après « plusieurs mois de crise, ponctués successivement par le départ du premier adjoint et des prises de position de conseillers municipaux contre des "erreurs de gestion" et "l'insuffisance de réalisations" du maire [1] ».

C'est aux élections suivantes, en 1995, que le « frontisme municipal » semble avoir éclos : Orange, Marignane et Toulon, auxquelles s'ajoute Vitrolles remporté en 1997 par Catherine Mégret, l'épouse du numéro deux du FN de l'époque. Quelques années plus tard, deux rapports de la

1. *Les dossiers du Canard*, « Les petites villes modèles », juillet 2011, p. 53.

Chambre régionale des comptes feront état des bilans financiers désastreux de la gestion FN à Marignane et Vitrolles. Idem pour Toulon où les dépenses de fonctionnement explosèrent : + 31 % en six ans dont plus de la moitié représentaient les charges personnelles du maire. À la fin de la mandature FN, la dette de la commune était de 100 % du budget, soit plus de 210 millions d'euros. À Orange, le budget n'a été ramené à l'équilibre qu'au prix d'une contraction des dépenses courantes et de l'action municipale. Le bilan est partout le même : recettes amoindries, chute des investissements, baisse des subventions aux associations, réduction des budgets alloués au sport, à la culture, à la jeunesse et à l'action sociale.

L'autre caractéristique des « communes libérées », comme le FN les appelait alors avec un art consommé de l'antiphrase, ce sont les choix clientélistes et les mesures discriminatoires des élus. À Saint-Gilles, le maire est épinglé par la Commission nationale de l'informatique et des libertés (Cnil) pour avoir créé plusieurs fichiers, informatisés ou manuels, tous non déclarés et à certains égards illégaux : ainsi, le fichier de l'aide sociale comprenait-il deux rubriques, l'une pour les Français, l'autre pour les Maghrébins.

À Vitrolles, une salle de café-musique fut murée par la mairie en raison de son hostilité au Front national et un comité de lecture fut chargé, entre autres missions, (supprimer « de surveiller les livres en rayonnage dans les bibliothèques ou encore ») de résilier les abonnements à des journaux jugés « nationalement incorrects ». Un cinéma local d'art et d'essai fut fermé et sa directrice renvoyée après son refus de déprogrammer un court-métrage sur l'homosexualité. C'est surtout la « prime de naissance » de 5 000 francs aux seuls couples français qui marquera la mandature Mégret : jamais appliquée, « elle coûte bonbon aux Vitrollais en frais d'avocat pour défendre Mme le Maire dans les nombreux procès intentés contre sa mesure, et tous perdus[2] » (voir *C comme « Culture »* et *Q comme « Questions familiales »*).

À Marignane, le maire décida de réduire des trois quarts la subvention allouée à une association d'aide à l'insertion auprès des Français et des étrangers. Une association municipale, Fraternité française, fut créée et réservée aux « nationaux ». Au nom du principe d'égalité, le tribunal ordonna l'arrêt du soutien de la ville à cette structure. Autre réalité : la mairie tenta d'augmenter le nombre de repas contenant de la viande de porc dans les cantines municipales, au nom de la « laïcité ». À Orange, le maire fit recouvrir les affiches de la Semaine contre le racisme et accusa les professeurs de « faire de la politique ». À Toulon, l'association para-municipale Jeunesse toulonnaise, qui captait l'essentiel des subventions communales, laissa une ardoise de 3 millions d'euros au budget.

Enfin, contredisant le slogan « Mains propres, tête haute » qui était alors celui du FN aux élections nationales, la gestion locale par l'extrême droite s'est souvent soldée par des affaires. En 2001, l'ex-maire de Toulon fut condamné à huit mois de prison avec sursis et 15 000 euros d'amende pour détournement de fonds publics et complicité d'abus de confiance dans l'affaire de l'association Jeunesse toulonnaise créée par sa femme. En 2006, le tribunal correctionnel de Marseille condamna Mme l'ex-Maire de Vitrolles à huit mois de prison avec sursis, un an d'inéligibilité et 8 000 euros d'amende pour détournement de fonds publics correspondant à l'envoi sur les deniers de la ville de courriers destinés à la propagande du MNR, le parti dirigé par son mari. Fin 2010, l'ancien maire FN puis UMP de Marignane fut condamné à un an de prison avec sursis et 3 000 euros de dommages et intérêts pour harcèlement moral à l'encontre d'un de ses employés municipaux.

2. *Idem*, p. 54.

H comme « Homosexualité »

> « … des lobbies organisés prétendant imposer leurs comportements déviants en modèle social normatif »
>
> Jean-Marie Le Pen, *Libération*, 25 mars 2002.

C'est l'une des phrases les moins violentes du président fondateur du Front national à propos de l'homosexualité. Dans l'émission télévisée qui le révéla à la France, il y a presque trente ans, il la qualifiait d'« anomalie biologique et sociale [1] ». Dans la version 2012 de Marine Le Pen, le Front national semble avoir policé son discours : il s'inquiète que « dans certains quartiers, il ne fait pas bon être femme, ni homosexuel, ni juif, ni même Français ou blanc [2] ».

De là à y voir une sincère sollicitude à l'égard des personnes homosexuelles, il y a un pas, et même, à bien y regarder, un fossé.

L'homophobie ? Si le Front national en découvre l'existence, c'est au mieux pour capter un électorat lassé des violences verbales et physiques dont il fait l'objet dans certains quartiers difficiles, au pire pour stigmatiser encore un peu plus une population musulmane accusée d'être son

---

1. Antenne 2, *L'Heure de vérité*, 13 février 1984.
2. Meeting à Lyon, 10 décembre 2010.

principal vecteur. « Difficile d'être homosexuel, facile d'être musulman », en substance, c'est le message de Marine Le Pen dans son discours de Lyon.

L'égalité des droits ? En particulier celui de se marier et de fonder une famille ? Il est loin d'en être question. La nouvelle présidente du FN se dit « totalement opposée au mariage homosexuel » et précise : « Je pense que les homosexuels ne le réclament pas[3]. » Fermez le ban, il n'y a rien à voir. L'usage de l'expression « mariage homosexuel » en dit long sur la méconnaissance du sujet : ce que réclament bel et bien les homosexuels et tous les progressistes, ce n'est pas un droit particulier, mais l'égalité réelle des droits existants. C'est plutôt une demande d'indifférence qu'un droit à la différence. Réduite à une revendication communautariste qu'elle n'est pas, cette prétention peut alors être allègrement comparée à la polygamie (« Pourquoi pas la polygamie ? »[4]). L'extrême droite trouve cependant son maître en la matière en la personne de la députée UMP du Tarn-et-Garonne Brigitte Barèges et son désormais fameux et classieux « Pourquoi pas des unions entre animaux[5] ? »

Fonder une famille ? Inconcevable, on vous dit. C'est même un motif de retrouvailles entre les deux rivaux à la présidence du Front national en janvier 2011. Pour Marine Le Pen, cela équivaudrait à « mettre à bas une conception multimillénaire de la famille à laquelle l'immense majorité des Français est attachée [...], la disparition d'une certaine morale d'État et le triomphe d'une société hédoniste où les volontés de certains adultes priment sur les droits légitimes des enfants[6] ». Pour Bruno Gollnisch, « les homosexuels

3. Canal+, *Le Grand Journal*, 23 mars 2011.

4. France Inter, le 14 juin 2011.

5. 25 mai 2011 à l'occasion des discussions initiées par le groupe socialiste à l'Assemblée nationale pour l'ouverture du mariage à tous les couples.

6. Communiqué de presse, 11 novembre 2009.

[...] ont fait un choix de vie qui exclut la procréation. Quoi que l'on en pense par ailleurs, cela relève de leur liberté. Mais ils ne sauraient dès lors exiger je ne sais quel "droit à l'enfant[7]". »

Conclusion : dans la réalité des positions du FN, le mot « homosexuel » continue de désigner une catégorie de citoyens de second rang, citoyens d'une seconde zone un peu plus enviable que celle des immigrés et des musulmans certes, mais que l'égalité n'atteint pas encore tout à fait.

Pourtant, il y a urgence. Dans la France de 2011, l'homophobie, qui est loin d'être l'apanage d'une « communauté », continue de faire des ravages parmi les plus jeunes : les tentatives de suicide sont quatre à sept fois plus nombreuses chez les adolescents homosexuels que chez les hétérosexuels du même âge, la discrimination à l'emploi basée sur l'orientation sexuelle est forte[8], les exclusions légales dont les homosexuels font l'objet (don du sang ou don d'organes, par exemple) témoignent des stigmatisations persistantes, de toute nature, auxquelles sont confrontées les personnes homosexuelles. Elles appellent les pouvoirs publics à condamner sévèrement les dérapages en tout genre, ainsi qu'à poursuivre et amplifier l'indispensable pédagogie auprès de la population et dans les écoles.

Non, l'homosexualité n'est pas une maladie ni une anomalie, elle est une orientation sexuelle. Rien ne justifie que le mariage, symbole social de la reconnaissance juridique pleine et entière d'un couple à exister et à fonder une famille s'il le souhaite, soit interdit à un couple sur le fondement de son orientation sexuelle. Non, les homosexuels ne sauraient se contenter du Pacs, forme souple de contrat qui convient à beaucoup de couples (il est d'ailleurs

7. *Idem.*
8. Cf. rapports réguliers de SOS Homophobie.

utilisé aujourd'hui par des hétérosexuels dans neuf cas sur dix) – et c'est tant mieux –, mais qui instaure une solidarité (et donc une sécurité) juridique et financière incomplète. Autour de nous, en Europe, les Pays-Bas, la Belgique, l'Espagne, le Portugal, la Suède ont ouvert le mariage : il est temps que la France les suive sur cette voie.

Non, l'orientation sexuelle ne détermine pas l'aptitude à élever un enfant et l'homoparentalité n'est en rien préjudiciable à l'enfant. Aveugle aux multiples formes de parentalité qui structurent désormais la société, arc-bouté sur une vision fantasmée et dépassée de la famille qu'il voudrait imposer à l'ensemble de la société, le Front national semble ignorer que plusieurs dizaines de milliers d'enfants vivent d'ores et déjà au sein de familles homoparentales sans, loin de là, que leur épanouissement personnel en soit fragilisé.

Toutes les enquêtes menées en Europe et aux États-Unis concluent que les enfants élevés par des couples du même sexe sont aussi équilibrés et heureux que ceux qu'élèvent des couples hétérosexuels – parce que ce dont un enfant a le plus besoin, c'est d'amour, d'attention et de stabilité. En revanche, tous les obstacles légaux qui se dressent devant les projets familiaux atypiques desservent gravement ces enfants en les isolant, en les privant de droits, en les stigmatisant. Au nom de quoi faudrait-il s'accommoder de ces inégalités d'un autre temps ?

Au nom de principes religieux ? À coup sûr, Marine Le Pen sera la première à rappeler que nous vivons dans une République laïque (voir *L comme « Laïcité »*) et que tout communautarisme doit être combattu. Or, qu'est-ce donc, sinon du communautarisme, que réserver des droits à certains et les interdire à d'autres, au nom de leur orientation sexuelle ? Au nom de l'intérêt de l'enfant à être élevé par un papa et une maman ? En France, on autorise pourtant l'adoption par les célibataires. Au nom de la nécessité de ne pas faire droit à tous les désirs, y compris le désir d'enfant ? Mais il ne s'agit pas de donner libre cours à un désir superficiel et passager. Il s'agit de permettre un projet parental, une décision profonde et souvent mûrie de très longue date. N'est-il pas dans l'intérêt de l'enfant de naître dans une famille aimante, une famille dont il est le projet ? Au nom d'une vision naturaliste de la famille ? Mais bien loin d'obéir aux seules lois de la nature, les liens familiaux se tissent à travers l'engagement des parents et la reconnaissance de la société.

Autant d'arguments qui militent pour l'ouverture du mariage et de l'adoption, ainsi que pour l'extension de la procréation médicalement assistée à la « stérilité sociale ». Le « nouveau » Front national n'est pas nouveau au point d'envisager ces progrès.

I comme « Insécurité »

> « Ma priorité absolue sera d'abord et avant tout l'ordre et la sécurité partout [...] Le premier principe de ma politique de sécurité, c'est la tolérance zéro. »
>
> Marine Le Pen, colloque « Idées & Nation », 16 juin 2011.

L'insécurité demeure l'une des rentes de situation de l'extrême droite. C'est l'une des continuités entre le Front national de toujours et celui de 2012. Dans les discours de Marine Le Pen, la question occupe toujours une place de choix... judicieusement placée entre les deux autres « I » – immigration, identité – de la doctrine frontiste. Auprès des militants, les harangues enflammées contre la lâcheté des uns et la mollesse des autres font toujours recette. Une fois le FN aux responsabilités, vous verrez ce que vous verrez, braves gens : les délinquants seront emprisonnés, les trafics démantelés, les policiers – et les citoyens – surarmés, les banlieues nettoyées, les immigrés délinquants dénationalisés et expulsés, etc., etc.

Si le discours n'est pas nouveau, son audience s'élargit dans les milieux populaires et parmi les classes moyennes précarisées, tous relégués à la périphérie des grandes villes à cause du prix de l'immobilier et souvent les plus touchés par l'insécurité – cambriolages, agressions sur les personnes, voitures brûlées, trafics – ou par les actes d'incivilité quotidiens – la boîte aux lettres fracturée, le digicode cassé, l'ascenseur bloqué. Évidemment, certains rétorquent, à juste titre, que la démagogie a toujours prospéré dans les périodes de crise économique. D'autres, confondant la cause et l'effet, fatalistes ou idéalistes, plaident que c'est la société elle-même qui fabrique de la violence. Ce qui nourrit l'extrémisme politique, la radicalité simpliste, c'est aussi l'absence de solutions apportées aux problèmes vécus par la population. Or, une majorité de Français des quartiers et des campagnes pensent non seulement que l'insécurité n'a pas reculé ces dernières années, mais qu'elle s'est aggravée et qu'elle a changé de formes.

En 2007, le candidat Sarkozy promettait de réduire le Front national en allant braconner sur ses terres. Quatre ans et des poussières plus tard, l'échec est patent : non seulement l'insécurité n'a pas reculé, mais le Front a progressé aux élections cantonales de mars 2011, dernière photographie électorale avant la présidentielle. La multiplication des lois de circonstance, des mesures-slogans et des déclarations martiales n'a pas modifié les faits. Ils sont têtus et la Cour des comptes les a rappelés : depuis 2002, c'est-à-dire depuis que l'actuelle majorité UMP est au pouvoir, « les atteintes à l'intégrité physique des personnes ont connu une hausse de 20 %, soit 44 000 faits supplémentaires, due aux violences physiques non crapuleuses telles que les coups et blessures volontaires en augmentation de 51 %, les menaces ou chantages dans d'autres buts que l'extorsion de fonds, les atteintes à la dignité et les violences intra-familiales [1] ». Sur le territoire national, on compte 9 000 policiers et gendarmes de moins en 2011 qu'à la fin

1. « L'organisation et la gestion des forces de sécurité publique », rapport de la Cour des comptes, juillet 2011, p. 30.

du gouvernement de Jospin en mai 2002. Gendarmerie et Police nationale connaissent une érosion sans précédent de leur budget, donc de leur capacité d'agir : respectivement – 20 % et – 30 % au cours de la décennie écoulée. La responsabilité de la droite est d'autant plus grande qu'en singeant le Front national, ses méthodes, ses gestes, ses mots, elle a laissé croire aux Français que les positions de l'extrême droite pouvaient être des solutions pour le pays.

Marine Le Pen appelle donc « à un changement de cap total dans la lutte contre l'insécurité[2] ». Elle en a esquissé les contours lors d'un colloque organisé le 16 juin 2011 avec l'avocat Gilbert Collard en vedette américaine. Sa méthode ? Comme pour la plupart des autres enjeux, promettre « plus ». Plus d'argent pour la justice (25 % d'augmentation sur cinq ans), plus de places de prison (90 000 au lieu de 55 000 actuellement), plus de surveillants scolaires et, « si nécessaire », une police des collèges et des lycées. Le FN a déjà promis aux Français de meilleurs salaires, des prix plus bas, des logements moins chers, une sécurité sociale renforcée, des emplois durables, une croissance forte. Le 7 mai 2012, lendemain de son élection, les moyens de la police, de la gendarmerie, de la justice – promis, juré – seront eux aussi multipliés quand dans le même temps la dette, elle, sera réduite miraculeusement. Facile de tout promettre lorsque sa seule contrainte, c'est de n'en avoir aucune. Sauf qu'en démocratie, après avoir dit « quoi », mieux vaut expliquer « comment ». Ou alors attention au retour de bâton – pour le contribuable ou pour le citoyen, qui sont souvent les mêmes… Marine Le Pen devrait relire Péguy : « Les démagogues sont passagers, les ruines sont éternelles. »

2. Communiqué de presse, 7 juillet 2011.

Mais le Noël de la sécurité ne s'arrête pas là ! Au-delà des moyens humains et matériels déployés sur le terrain, le Front national dispose aussi d'un catalogue inépuisable de mesures répressives. La plus emblématique est le rétablissement de la peine de mort « pour les crimes les plus graves ». Après avoir été l'un des derniers pays européens à l'abolir, la France deviendrait le seul à autoriser la peine capitale parmi les Vingt-Sept. D'Europe, il ne serait de toute façon plus question : notre pays ayant signé et ratifié le protocole 13 de la Convention européenne des droits de l'homme qui proscrit la peine de mort en toutes circonstances, il serait contraint d'en sortir. Autre détail sur la route des abolitionnistes de l'abolition : l'article 66-1 de notre Constitution interdit formellement le recours à la peine capitale. Il devrait donc être abrogé. Supposons un instant que ces obstacles puissent être levés, le jeu en vaut-il vraiment la chandelle ? Entre 1968 et 1981, sept condamnés à mort ont été exécutés en France. Aucune de ces exécutions n'a eu le moindre impact à la baisse sur la criminalité qui a continué de progresser jusqu'à l'abolition. Les États américains qui pratiquent la peine de mort sont aussi ceux qui connaissent la délinquance la plus forte et la plus violente. Rétablir la peine capitale n'est donc pas seulement la plus scandaleuse des régressions au plan des principes, une régression qui mettrait la France au ban de la communauté internationale, elle est également un outil inefficace pour lutter contre l'insécurité.

Le rétablissement de la double peine prôné par le Front national relève de la même imposture. « Il faut renvoyer les étrangers délinquants, c'est-à-dire faire l'inverse de ce que Nicolas Sarkozy a empêché en 2003 [3] », explique Marine Le Pen. Qu'elle se rassure, la possibilité d'interdire

3. I-télé, 25 novembre 2009.

la présence sur le territoire national d'un étranger condamné à des faits délictueux ou criminels existe toujours bel et bien dans notre droit. La cour d'assises et le tribunal correctionnel peuvent prononcer, à titre de peine complémentaire, « une interdiction de séjour sur le territoire ». Le dispositif a même été renforcé par le collectif mal nommé de la « Droite populaire », groupe de députés UMP tendance bleu marine, lors du débat parlementaire sur la loi Loppsi 2 en décembre 2010 : les jurés devront désormais obligatoirement se prononcer sur une peine complémentaire d'interdiction du territoire pour les criminels de nationalité étrangère condamnés en cour d'assises, au mépris du principe d'égalité dans le traitement pénal de la délinquance. Pour quels effets sur la criminalité ? Assurément aucun. Qu'importe ! L'objectif poursuivi n'est pas de régler les problèmes, mais de récolter des voix. Au contraire, cette mesure crée du désordre. Les étrangers représentent une part infime des condamnations à des peines lourdes qui pourraient être susceptibles de conduire à une interdiction totale du territoire. Leur imposer un bannissement vers des pays avec lesquels ils n'ont parfois aucune attache, dont ils ne parlent pas la langue, est la plus sûre façon de détruire toutes chances de réinsertion, sans parler des lourdes conséquences sociales pour les familles restées en France. Au nom de la surenchère répressive, le FN administrerait à la société un placebo qui aggraverait le mal.

Les trois mesures phares du Front national – peine de mort, double peine, injonction civile (voir « V comme politique de la Ville ») – ont pour dénominateur commun leur inutilité, leur inefficacité. Elles traduisent aussi une orientation plus profonde de l'extrême droite, rarement évoquée : le FN est en lui-même producteur de tensions et d'insécurité. Ses propositions ne résolvent rien, elles aggravent, elles divisent, elles opposent : les Français d'origine étrangère contre ceux qui ne le sont pas, les jeunes contre les autres, les classes moyennes contre les catégories populaires, la banlieue contre le centre-ville. Un lien apaisé doit être renoué entre la Nation et sa police. Celle-ci doit être mieux formée, mieux considérée, mieux payée, mieux équipée aussi, lorsqu'elle intervient dans des quartiers difficiles : autre chose est de ne voir dans les forces de l'ordre qu'un bouclier et une matraque, des Robocops au service d'une conception ethnique de la société, quand policiers et gendarmes aspirent, eux, à défendre l'ordre républicain, celui qui fait respecter l'égalité entre les citoyens et les territoires – tous ont droit à la sûreté. Quant à l'école, elle doit redevenir le lieu par excellence de prévention de la délinquance : le FN veut supprimer les zones d'éducation prioritaires et raser les établissements difficiles pour les reconstruire ailleurs. Qui peut croire que la meilleure solution à la détresse dans ces quartiers et à l'insécurité qui y règne soit l'abandon ?

Pour la gauche, la sécurité n'est pas qu'une politique, elle est le préalable à toutes les autres : sans sécurité, sans liberté d'aller et venir, pas de cohésion sociale, pas d'égalité des chances, pas de solidarité[4]. La gauche ne doit souffrir d'aucun complexe quand il s'agit de ses solutions : ce sont les élus locaux, souvent des femmes ou des hommes de gauche, et d'abord des maires, qui sont confrontés à la délinquance, aux trafics et aux dégradations. Ils ont démontré, lors des dernières élections locales, qu'ils disposent de la confiance des Français. Sur le terrain, ils sont les premiers à constater les reculs des politiques engagées depuis 2002 et à déplorer le temps perdu.

---

4. *Sécurité. Le fiasco de Sarkozy, les propositions du PS*, préface de Martine Aubry, Jean-Claude Gawsewitch Éditeur, 2011.

Les élus savent aussi qu'il n'y a pas de fatalité, à condition de définir les urgences et de leur apporter des réponses adaptées. Première urgence : c'est le défi du quotidien. Une présence permanente et pérenne des forces de sécurité et de justice sur l'ensemble du territoire doit être assurée. En 2012, il faudra revenir sur les milliers de postes de policiers et gendarmes supprimés par la droite et affecter ces effectifs aux quartiers où davantage de moyens sont nécessaires. Pour cela, des « zones de sécurité prioritaires » seront créées, qui bénéficieront de moyens supplémentaires pour la police et la justice, mais aussi pour le renseignement et la lutte contre l'économie souterraine, pour les associations et la prévention des sources de violence. Dans chaque zone prioritaire, un magistrat référent assurera la coordination indispensable avec les forces de l'ordre déployées sur le terrain. Parallèlement à l'action des forces d'intervention, une « police de quartiers » sera instaurée pour témoigner de l'engagement durable de l'État dans ses territoires et assurer les différents services publics de son soutien. Pour combattre l'insécurité dans les quartiers, mieux vaut les connaître. Pour mettre fin à la défiance désormais structurelle qui, dans nombre de quartiers, mine le rapport des jeunes à la police suspectée de harcèlement et de contrôle au faciès, les missions et les modes d'intervention des agents feront l'objet d'un contrôle strict.

Le lien entre les forces de sécurité et la justice – c'est la deuxième urgence – devra être renoué. L'expérience l'a montré : toutes les formes de concurrence entre police et justice mènent à l'échec. Ces deux institutions sont complémentaires : la police pour élucider et appréhender, la justice pour répondre et décider. Redonner confiance et soutien à la chaîne pénale dans sa globalité est une condition du succès contre la délinquance et l'insécurité ! Les exigences de sérieux budgétaire imposent de définir des priorités : la sécurité et la justice en font partie[5]. Les moyens de la justice, parmi les plus faibles en Europe, devront être fortement revalorisés au cours de la prochaine législature. En matière de peines, une conviction est validée par la réalité : son effet dissuasif ne vaut que si la sanction est appliquée rapidement, systématiquement, à un niveau proportionnel à la gravité de l'acte. La réduction des délais des procédures judiciaires, insupportables pour les victimes, inefficaces pour l'application de la peine, sera impérative. Pour les moindres délits, des travaux d'intérêt éducatif à l'intérieur des établissements scolaires seront instaurés pour les mineurs, les travaux d'intérêt général renforcés, les mesures de réparations aux victimes systématisées. Dans le même temps, la fermeté à l'égard des récidivistes doit être totale.

Troisième et dernière urgence pour la gauche : refonder une véritable politique de prévention de la sécurité. Réaffirmons – parce que chacun sait que c'est la vérité – que la violence trouve sa source et son oxygène dans la misère, le chômage, les inégalités, l'échec scolaire, le mal-logement ou la ghettoïsation urbaine. L'école est le premier lieu où s'apprend la vie collective, où s'instruisent les droits et les devoirs : elle doit être préservée des dérives de l'extérieur, qu'elles soient marchandes, religieuses ou politiques. De nouveaux outils devront être imaginés pour empêcher la rupture des jeunes en échec scolaire : ouverture d'internats pédagogiques renforcés à partir du CM2 et du collège pour les élèves en grande difficulté scolaire et comportementale ; cellules de veille éducative dans chaque département susceptibles d'intervenir dès que des troubles

5. « Au cours de la mandature, nous créerons dix mille postes de gendarmes et policiers dont un millier dès 2012. » (*Le Changement. Projet socialiste pour 2012*, Paris, Odile Jacob, avril 2011, p. 89.)

du comportement sont repérés chez de jeunes enfants ou dans les cas chroniques d'absentéisme scolaire ; tuteur référent pour chaque élève exclu définitivement d'un établissement scolaire afin de réduire au maximum le temps de déscolarisation. Entre le laxisme irresponsable et la répression à tous crins, la République doit occuper toute sa place.

J comme « Jusqu'ici tout va bien… »

« C'est l'histoire d'un homme qui tombe d'un immeuble de cinquante étages. Le mec, au fur et à mesure de sa chute, se répète sans cesse pour se rassurer : "Jusqu'ici tout va bien, jusqu'ici tout va bien, jusqu'ici tout va bien." Mais l'important, c'est pas la chute, c'est l'atterrissage. »

La Haine, Mathieu Kassovitz, 1995.

K comme « Kaléidoscope »

Dans *Le Robert*, on lit la définition suivante du mot « kaléidoscope » :

« Petit instrument cylindrique, dont le fond est occupé par des fragments mobiles de verre colorié qui, en se réfléchissant sur un jeu de miroirs angulaires disposés tout au long du cylindre, y produisent d'infinies combinaisons d'images aux multiples couleurs.

« Au figuré : succession rapide et changeante. »

Sans doute la meilleure définition du « nouveau » Front national.

L comme « Laïcité »

« L'État doit être le garant, y compris contre la dérive des partis, de la stricte application des principes républicains et en tout premier lieu de la laïcité [...] Les véritables défenseurs de la République, c'est nous ! »

Marine Le Pen, discours d'investiture au congrès de Tours, 16 janvier 2011.

Quelques jours après son arrivée à la présidence du Front national, Marine Le Pen déclarait : « La France [peut] être laïque parce qu'elle est chrétienne de culture [...] Nous ne permettrons pas que cette identité soit modifiée [1]. » La principale menace au principe de laïcité provient, à ses yeux, de la propension des musulmans à vivre leur foi en « empiétant sur la voie publique ». Ce qui est dénoncé, c'est un Islam d'invasion, fait de prières de rue, de Quick halal et de femmes en burqa. Comme souvent, c'est Jean-Marie Le Pen qui donne les sous-titres à ceux qui n'auraient pas compris : « Quarante ans de lâcheté et de haine à la Nation ont [...] suffi à transformer une France chrétienne et laïque en une France incroyante en voie d'islamisation [2]. »

1. Interview de Marine Le Pen, LCP, 28 janvier 2011.
2. Discours au congrès de Tours, 16 janvier 2011.

Tout a déjà été dit sur l'apparition soudaine de la laïcité dans les discours du Front national, son caractère aussi récent que surprenant – pour les républicains comme pour les militants traditionnels de l'extrême droite française, et d'abord des franges monarchistes ou catholiques intégristes. Un virage doctrinal et politique à 180 degrés pour le parti qui assumait jusqu'ici son statut de parti anti-laïque au point de prendre publiquement position contre la loi de mars 2004 interdisant les signes religieux à l'école publique[3] ! Mais accordons-lui le droit de changer d'avis, auquel seuls les imbéciles n'ont pas accès, et arrêtons-nous sur la conception frontiste de la laïcité : d'un côté, l'affirmation d'un attachement aux racines chrétiennes de notre pays – le triptyque républicain « Liberté, Égalité, Fraternité » n'étant que l'extension sécularisée, sans Dieu, de la foi chrétienne et de ses Commandements ; de l'autre côté, la dénonciation de l'Islam ou plutôt de « l'islamisation ».

Dans la République française, la laïcité est un droit fondamental. La loi de 1905 établit la séparation des Églises et de l'État – ce sont les Églises qui s'effacent devant l'État, et non l'inverse, comme aux États-Unis –, mais elle permet à la conviction religieuse et, plus largement, aux choix de conscience de s'exprimer dans la sphère privée, familiale ou intime, à la condition de respecter la loi. En prévoyant, par exemple, la mise en place d'aumôneries dans des lieux fermés (internats, hôpitaux, prisons, armée), le texte de 1905 permet concrètement le « libre exercice des cultes » élevé au rang de liberté publique fondamentale, au même titre que la liberté de la presse, des syndicats et des associations.

---

3. Pour en comprendre les tenants et aboutissants, on lira de façon instructive le chapitre « OPA sur la République et la laïcité » de l'ouvrage de Caroline Fourest et Fiammetta Venner, *Marine Le Pen, op. cit.*, pp. 225-338.

Au fond, deux principes sont affirmés. Le premier principe dit l'impossibilité de discriminer les citoyens en raison de leurs croyances philosophiques ou religieuses, d'où l'obligation de neutralité qui s'impose à l'État et aux agents publics à l'égard de ces croyances. Le second principe pose que les citoyens, libres de leurs croyances, ne peuvent s'en prévaloir pour s'affranchir des règles communes. Contrairement à une conception restrictive ou trompeuse, la laïcité n'est pas une notion anti-religions : simplement, elle les remet à leur place.

Est-ce de cette laïcité-là qu'il est question quand l'extrême droite et, hélas, une partie grandissante de la droite multiplient les discours affirmant ou suggérant l'incompatibilité de l'Islam avec la République ? Est-ce la laïcité républicaine qui est convoquée lorsque, dans le même temps, les morales religieuses s'invitent allègrement dans les débats parlementaires sur la bioéthique ou sur l'euthanasie[4] ? Ou quand, estimant avec le chef de l'État – président de la République sociale et laïque – que « dans la transmission des valeurs et dans l'apprentissage de la différence entre le bien et le mal, l'instituteur ne pourra jamais remplacer le curé ou le pasteur[5] », le gouvernement actuel désorganise l'école publique et empêche ses professeurs d'accomplir leur mission, alors même qu'il favorise l'accumulation des privilèges accordés, avec l'argent de tous les contribuables, à des établissements privés d'enseignement ? Évidemment, non. Il y a là une escroquerie sémantique, un détournement philosophique et politique, qui doivent être dénoncés comme tels !

---

4. Le débat sur la bioéthique en 2011 a été l'occasion, pour certains lobbies et groupes religieux, d'agir en vue d'empêcher des évolutions législatives pourtant indispensables non seulement aux progrès de la science, mais aux droits des citoyens : recherche sur l'embryon et les cellules souches, ouverture plus large de la procréation médicalement assistée, etc.

5. *Nicolas Sarkozy, discours au palais du Latran*, Rome, 20 décembre 2007.

La laïcité de pacification, celle qui, surmontant les tensions internes et les tâtonnements, a construit, un siècle durant, les équilibres subtils qui nous permettent de vivre égaux et différents, cette laïcité-là a de tout temps été une valeur constitutive de l'identité de gauche. Celle dont la droite et l'extrême droite se drapent aujourd'hui, la laïcité d'exclusion, de stigmatisation, n'est rien d'autre que l'habillage d'un rejet de l'autre devenu plus délicat à exprimer dans un État de droit : dénoncer l'islamisme, délibérément confondu avec l'Islam, est plus aisé que de dénoncer les immigrés. Cette laïcité-là n'est pas la laïcité de 1905, c'est une laïcité de religion civile.

Non, la France n'est pas en voie d'« islamisation », le terme même de « musulman » recouvrant une diversité de pratiques et d'approches de l'Islam – et parfois même de non-approches de l'Islam – presque aussi importante que le nombre de Français qui se réclament de cette confession : six millions, qui en font ainsi la deuxième religion de France. L'immense majorité des musulmans en France acceptent que les lois de la République se placent au-dessus de leurs engagements privés : ils se vivent en citoyens, non en croyants. Ce qu'ils demandent en revanche, lorsqu'ils sont croyants, c'est de pouvoir exercer leur culte dans de bonnes conditions, ce qui n'est pas le cas aujourd'hui pour des raisons historiques.

On compte ainsi moins de 2 000 édifices pour le culte musulman, contre près de 39 000 églises pour le culte catholique : vingt fois moins, alors que les musulmans ne sont que six fois moins nombreux que les catholiques. Est-ce la faute des Français de confession musulmane en 2011 si l'Islam était inconnu du champ de la loi lorsqu'elle fut élaborée voilà plus d'un siècle ? Évidemment, non. Comme les autres cultes, il doit se soumettre aux mêmes devoirs en disposant des mêmes droits. On ne peut dire sincèrement qu'« il appartient aux fidèles de mettre leur pratique religieuse en accord avec la République[6] » et, en même temps, ne pas leur permettre d'exercer leur culte dans des conditions décentes d'hygiène et de sécurité. Pas plus qu'on ne peut vouloir inscrire dans la Constitution que « la République ne reconnaît aucune communauté[7] » – ce qu'elle fait déjà, soit dit en passant, en son article Premier en assurant « l'égalité devant la loi de tous les citoyens sans distinction d'origine, de race ou de religion » – et réserver un traitement distinct à l'un des cultes qui a droit de cité au sein de la communauté nationale. Le rattrapage en matière de lieux de culte est affaire d'équité à l'égard des musulmans de France, mais il est aussi un moyen de combattre l'intégrisme qui prospère dans les « caves ». C'est le sens des efforts réalisés par plusieurs municipalités, pas seulement dirigées par des équipes de gauche, dans le but de permettre la construction de lieux dignes pour l'exercice du culte musulman et faciliter ainsi son déploiement harmonieux dans notre pays – en passant le plus souvent par des baux emphytéotiques[8]. Ceux qui dénoncent ces pratiques, savent-ils seulement que « 450 églises ont été construites grâce à ce système depuis 1905[9] » ?

La vérité, c'est que depuis 2007, Nicolas Sarkozy et Marine Le Pen pratiquent l'échelle de perroquet, une surenchère destinée à établir une hiérarchie des cultes, tantôt en sous-entendant que l'Islam n'est pas compatible avec la sécularisation des sociétés occidentales (ce que les récentes révolutions arabes ont démenti avec force), tantôt en exaltant les

6. Marine Le Pen, discours de Tours, *op. cit.*

7. *Idem.*

8. Ils permettent de louer un terrain à une association religieuse pour une très longue durée et un prix minime, afin d'y construire un lieu de culte.

9. Ainsi que le rappelait le vice-président du Conseil d'État, Jean-Marc Sauvé, en juillet 2011, alors que l'Institution venait de valider plusieurs aides municipales de ce type (*Libération*, 20 juillet 2011).

racines chrétiennes de la France (ce qui, de la part du président d'une République laïque, laisse incrédule). Ce climat délétère nourrit du coup l'idée d'une spécificité de l'Islam en France dont la prise en compte supposerait des régimes dérogatoires, des contraintes particulières, un aménagement différencié des lois et des règles. Ce discours a des objectifs politiques, mais pas de soubassement juridique.

En effet, les questions soulevées par le Front national et, désormais, par l'UMP à propos des conditions d'exercice du culte musulman trouvent leurs réponses dans la loi de 1905 ou dans d'autres textes du droit français.

Lors des élections régionales de 2010, une affiche du Front national de la jeunesse de Provence-Alpes-Côte d'Azur représentait, aux couleurs du drapeau algérien, un Hexagone d'où pointaient des minarets [10]. Or, la hauteur de ces tours relève du Code de l'urbanisme et de l'habitation auquel tout projet de construction d'un édifice cultuel doit se conformer.

Même chose pour les prières dans la rue, comparées par Marine Le Pen à « une occupation de territoire [11] » : elles relèvent de la police administrative et de la loi qui interdit les manifestations religieuses sur la voie publique sans autorisation administrative préalable.

Quant au voile intégral décrit par le FN et une partie de l'UMP comme un « identifiant » de l'Islam, il n'a pas de fondement coranique et il doit être combattu par la loi au nom de l'égalité qui prévaut en France entre les hommes et les femmes, mais aussi au nom de la démocratie, régime du débat public et de la discussion argumentée entre visages découverts. Mais tous les républicains savent qu'au-delà de l'interdiction par la loi de la burqa dans l'espace public et sur

10. Le retrait de l'affiche « Non à l'islamisme » fut ordonné par le juge des référés du tribunal de grande instance de Marseille le 12 mars 2010.

11. Meeting à Lyon, 10 décembre 2010.

la voie publique, le vrai rempart contre le refus de la mixité et du vivre-ensemble réside dans l'éducation.

Restent les comportements problématiques d'une petite minorité d'intégristes musulmans qui ne ressemblent rien tant qu'à leurs cousins catholiques, juifs ou orthodoxes, mais qui, minoritaires, doivent cesser de nourrir les fantasmes, et de dicter la stigmatisation de populations tout entières qu'on pousse à faire bloc derrière ses courants ultra minoritaires et leurs dérives marginales. À ceux-là, il faut répondre fermement. C'est le sens par exemple de la proposition de loi déposée par les parlementaires de gauche en mai 2011 [12], visant à créer une commission d'enquête parlementaire sur les dérives intégristes de certains établissements d'enseignement privés.

Bref, toutes ces polémiques n'ont qu'un but : stigmatiser l'Islam et s'en servir pour opérer la remise en cause de la loi de 1905. Nous croyons, nous, à la laïcité pour tous.

---

12. Proposition de résolution en vue de la création d'une commission d'enquête sur les pratiques intégristes, fondamentalistes et sectaires déposée par le groupe SRC (Socialiste Radical Citoyen) le 3 mai 2011 à l'Assemblée nationale.

M comme « Marine »

Avec le « nouveau » Front national, le vrai sujet n'est pas « qui », mais « quoi ».

N comme « Nucléaire »

> « Je ne vois pas au nom de quel principe on peut interdire à un État de vouloir maîtriser la technologie nucléaire à des fins civiles ou militaires. »
>
> Jean-Marie Le Pen, *Français d'abord*, février 2006.

> « Le Front national estime qu'il est important d'assurer une information claire du public sur ces questions, afin de ne pas alimenter les manipulations des cassandre anti-nucléaire. »
>
> Laurent Ozon, communiqué du Front national, 12 mars 2011.

> « [La sortie du nucléaire] un objectif qu'il faut avoir à l'esprit parce que c'est une énergie énormément dangereuse. »
>
> Marine Le Pen, France Inter, 14 juin 2011.

Pourquoi trois citations pour évoquer la position du Front national à propos de l'énergie nucléaire ? Parce que, pour la comprendre, une seule ne suffit pas. C'est qu'il faut un GPS pour s'orienter dans la doctrine énergétique de l'extrême droite. Ou plutôt une grande souplesse et ne pas craindre le grand écart : entre Le Pen père qui prône la souveraineté nationale pour le nucléaire, donc la possibilité pour tout régime de fabriquer sa bombe atomique, et

Le Pen fille qui, dans la même phrase, entend « dépasser le nucléaire » et « [ne] pas faire pression pour couper les investissements dans le nucléaire [1] », difficile d'y voir clair.

La réalité, c'est que pour décrypter l'approche du « nouveau FN » sur les énergies en général et sur le nucléaire en particulier, il faut faire la part de l'Histoire et de l'actualité, du socle idéologique et de l'opportunisme électoral. En 2007, le candidat Jean-Marie Le Pen à l'élection présidentielle avait refusé de signer le pacte écologique de Nicolas Hulot. Pas seulement parce que celui-ci avait fait connaître son refus de lui serrer la main, mais parce que « les dirigeants, notamment un chef d'État, ne doivent pas se plier aux exigences d'un lobby ou d'une association ». Au-delà des préventions personnelles ou institutionnelles, le président du FN témoignait surtout de son attachement au tout-nucléaire décidé par les dirigeants de la Ve République qu'il fustige en toute circonstance : si le FN s'engage à « réduire progressivement nos consommations d'énergie fossile », il souligne aussitôt que « la France fait déjà partie des bons élèves grâce à l'énergie nucléaire notamment (85 % de notre électricité [2]) ».

Marine Le Pen, elle, veut « dépasser » le nucléaire. La formule est bien trouvée car chacun peut y mettre ce qu'il veut. Les écologistes comprendront stratégie de sortie, fermeture progressive des cinquante-huit centrales du parc français, transferts d'investissements vers les énergies renouvelables. Quant aux partisans de l'atome, ils seront sensibles, en bons dialecticiens, au fait que « dépasser » ne signifie pas annuler, mais préparer le futur en conservant une partie du passé. « Parler de la sortie du nucléaire [...] sans avoir d'énergie de substitution, ce n'est pas courageux, c'est juste

1. France 2, *Des paroles et des actes*, 23 juin 2011.
2. http://frontnational.com/questions/index.php?title=Environnement.

irresponsable », lança Marine Le Pen à Cécile Duflot, numéro un d'Europe Écologie Les Verts qui avait l'affront – national – de lui poser une question simple : « Est-ce que oui ou non, il faut sortir du nucléaire et le décider maintenant[3] ? » C'est la position chauve-souris du FN : chauve avec les anti-nucléaire, souris avec les pro-nucléaire. Et pour donner raison – ou tort – à tout le monde, on sort la mallette du petit chimiste pour parler d'autre chose : « Moi, je me suis beaucoup intéressée à l'hydrogène, je trouve que c'est vraiment une ressource effectivement d'avenir, mais la recherche n'est pas encore arrivée au bout[4]. »

Les contorsions sémantiques ne s'expliquent pas seulement par la prise de conscience du potentiel électoral des thèmes écologiques, ni par l'envie de tirer profit du drame survenu au Japon – le premier accident nucléaire dans un pays techniquement surdéveloppé – et de son impact dans les opinions publiques occidentales. En réalité, Marine Le Pen doit présider un parti et faire face à des contraintes internes : comment concilier la mouvance « souverainiste », qui prône l'indépendance énergétique de la Nation, la puissance française dans la mondialisation, donc le maintien de l'effort productif en faveur de l'atome, et la tendance « naturaliste », anti-nucléaire, favorable à la décroissance économique. Pour concilier les contraires, d'un côté, on fustige les « cassandre anti-nucléaire », de l'autre côté, on évoque un « dépassement » du nucléaire.

Au fond, il ne s'agit là que du point d'équilibre entre deux fondamentaux de l'extrême droite française : un souverainisme productiviste, affirmé lors des grands rendez-vous électoraux du pays dans les années 1980-1990, et un naturalisme réactionnaire, peu médiatisé mais dont

---

3. France 2, *Des paroles et des actes*, 23 juin 2011.
4. *Idem.*

les partisans s'expriment à l'échelon local pour défendre, pêle-mêle, les langues régionales, la géographie des provinces et des pays d'avant le découpage départemental hérité de la Révolution française, l'exaltation de la terre ancestrale et des hommes qui la travaillaient, la dénonciation de l'urbanisation et des villes au détriment des communautés villageoises. Pour Marine Le Pen, cette approche « nationale-écologique » présente un intérêt électoral majeur : elle est un levier pour une France anti-mondialisation et anti-immigration. Ce qui, en résumé, donne : « Relocalisons, et d'abord les étrangers chez eux. » En somme, on commence par l'EPR et on finit par le charter.

On est loin du nucléaire ? Précisément, car les dirigeants du Front national, d'hier et d'aujourd'hui, savent que leurs électeurs sont moins sensibles aux questions écologiques qu'à celles de l'insécurité, de l'immigration, de l'inflation normative et réglementaire, de la fiscalité. C'est pour cette raison que Marine Le Pen est hostile à une Contribution climat énergie vraiment redistributive, accompagnée de mesures de justice sociale pour les ménages qui subissent la crise et les entreprises les plus exposées à la concurrence mondiale[5]. Il s'agit donc pour le FN d'accompagner l'air du temps et l'actualité, de verdir le positionnement pour élargir le spectre électoral à la marge, certainement pas de définir une stratégie française, encore moins un plan européen, pour une vraie transition énergétique.

---

5. « Son produit sera intégralement affecté aux économies d'énergie (logements, transports individuels et collectifs), au rattrapage en matière de nouvelles énergies et au développement de nouvelles filières. Des contreparties pour les ménages les plus modestes ne disposant pas d'alternative de transport et de chauffage seront mises en place. » (*Le Changement. Projet socialiste 2012*, *op. cit.*, p. 57.)

Dire la vérité aux Français, ce n'est pas dire tout et son contraire dans la même phrase, mais c'est admettre que notre survie – comme humains et non pas seulement comme Français – passe par un changement de modèle de production, de consommation, de distribution. Pour limiter le changement climatique d'ici 2020, nous devons réduire de 20 % au moins nos émissions de CO_2 et porter à 23 % la part des énergies renouvelables (EnR) dans notre production. Les ressources fossiles, et d'abord le pétrole, se font rares, chères et leur extraction de plus en plus dangereuse – parce que les gisements se trouvent dans des régions du globe politiquement instables et géologiquement peu accessibles. L'hydraulique et le nucléaire produisent une électricité abondante et bon marché, mais la catastrophe de Fukushima en mars 2011 a mis fin au mythe de la maîtrise du risque nucléaire limité aux pays négligents ou peu développés. C'est particulièrement préoccupant quand on sait que 250 nouvelles unités sont programmées dans le monde d'ici vingt ans.

C'est à la France d'être l'avant-garde écologique, économique et technologique en matière de politique énergétique. Or on en est loin ! Notre pays n'est pas sur les rails pour respecter ses engagements européens en matière de rejet de gaz à effet de serre d'ici 2020. La plupart des énergies renouvelables n'ont progressé que de 2 points entre 2006 et 2009, performance inférieure à la moyenne européenne, pour se situer à 12,5 % (l'objectif 2020 est de 23 %).

C'est dire si notre pays doit se doter d'une stratégie claire. Si les Français décident l'alternance en 2012, ce sera à la nouvelle majorité de gauche d'en définir les contours, le contenu, les modalités et l'agenda. Deux convictions l'animeront : la volonté d'augmenter massivement la part des énergies renouvelables pour sortir de la dépendance au nucléaire et au pétrole, mais aussi la nécessité de penser l'avenir de notre filière nucléaire pour construire notre avenir énergétique.

La transition énergétique doit être démocratique. C'est pourquoi le Parti socialiste, au lendemain du drame survenu au Japon, a demandé un audit transparent et contradictoire du parc français actuel. Il s'agit en particulier d'évaluer l'état de la maintenance et de la sous-traitance, en réévaluant les risques sismiques et naturels au regard des effets du dérèglement climatique : cela implique, par exemple, la fermeture immédiate de la centrale de Fessenheim – reconnaissons que Marine Le Pen s'y est dit favorable. De même, il faudra engager un débat national sur la transition énergétique – des états généraux de l'Énergie – d'ici la fin 2012 afin de faire partager aux citoyens les orientations énergétiques de la Nation. Des « cahiers de doléances » sur la base des réalités locales, pour définir les marges d'amélioration et leurs conditions, pourront être déposés de façon décentralisée. Des réunions publiques présenteront l'état de la situation, les contraintes, les différentes options de politique énergétique. Un relevé de décisions nationales fixera les objectifs et les moyens. Bien sûr, d'ici les conclusions du débat, un moratoire sur l'accroissement des capacités nucléaires sera décidé. Les exportations de technologies nucléaires – y compris le Mox – seront interdites sur les pays ou zones à risque. Depuis 1958, jamais l'énergie n'a fait l'objet d'une discussion démocratique : il est temps d'en avoir une !

L'hypothèse d'un référendum – non retenue dans le projet socialiste à ce stade – ne saurait être écartée. En tout état de cause, le moment venu, aucun intérêt financier ou économique ne devra prévaloir sur la décision des citoyens. Dans son projet adopté à l'unanimité, le Parti socialiste a d'ores et déjà pris l'engagement d'en finir avec le tout-nucléaire. Peut-être le débat public commandera-t-il d'aller au-delà et de sortir en plusieurs décennies du nucléaire. À court terme, la réduction de la dépendance au nucléaire et le développement des énergies alternatives supposent de s'appuyer sur la compétence et la puissance de cette filière nucléaire. Les entreprises qui la constituent, grands groupes donneurs d'ordres ou PME sous-traitantes, représentent 200 000 emplois directs et indirects. Leur savoir-faire est reconnu dans le monde entier. Dans le mix énergétique que le Parti socialiste envisage dans son programme pour les prochaines années, la filière nucléaire sera réorganisée autour de quatre objectifs stratégiques : la sécurité des installations existantes, le traitement des déchets, le démantèlement des centrales en Europe et dans le monde, le développement des activités liées aux énergies renouvelables. Décisif sera le choix d'une filière du nucléaire civil français contrôlé par la puissance publique. Ne laissons pas au marché et aux intérêts financiers l'avenir énergétique d'un pays et même de l'Europe, alors que la population peut être exposée à des risques majeurs. C'est pourquoi la gauche reviendra sur la loi Nome (Nouvelle organisation des marchés de l'électricité) adoptée fin 2010 par le Parlement. La propriété publique des infrastructures de traitement des déchets nucléaires sera garantie, tout comme celle des infrastructures stratégiques de transport de gaz et d'électricité.

Enfin, la gauche engagera un plan d'investissements massifs pour les énergies renouvelables en France et en Europe qui sera couplé à un vaste plan d'économies d'énergie – les deux, quoi qu'en dise le FN, sont indissociables face à de tels enjeux. Au plan national, il s'agira de diversifier et d'industrialiser les sources de production, sans exclusive : éolien – plutôt offshore que terrestre afin d'éviter le mitage du territoire –, bioénergies (biomasse, biogaz au bilan carbone neutre, résidus naturels), géothermie, hydrogène, stockage d'énergie, énergie solaire, énergies issues de la mer (courants, houle, marée et température de l'eau). Au plan continental, il faudra proposer à nos partenaires la création d'une Communauté européenne des énergies, coopération renforcée rendue possible par les traités actuels pour garantir les investissements nécessaires à la conversion énergétique dans l'industrie, les transports ou encore le logement. Soixante ans après la Communauté européenne du charbon et de l'acier (CECA), il est temps de mutualiser les moyens pour développer les nouvelles sources d'énergie, combattre le changement climatique et assurer la souveraineté et la sécurité des approvisionnements européens. Autant d'options nécessaires sur lesquelles le Front national est désespérément silencieux ou que ses orientations économiques rendraient impossibles.

O comme « Oubli (devoir d') »

> « Les camps nazis ont été le summum de la barbarie. »
>
> Marine Le Pen, *Le Point*, 3 février 2011.

Sur la mémoire plus que sur tout autre sujet, la nouvelle présidente du FN n'a pas ménagé ses efforts pour prendre ses distances avec l'encombrant héritage de l'extrême droite traditionnelle, sa relecture de l'Histoire, ses relents antisémites et ses thèses révisionnistes au sujet de la Seconde Guerre mondiale. À l'instar des droites populistes qui fleurissent un peu partout en Europe, Marine Le Pen semble avoir exercé un réel droit d'inventaire sur le passé. Tant mieux. Faut-il pour autant lui délivrer un label d'exactitude mémorielle ? Pas sûr.

Car le véritable revirement effectué par Marine Le Pen, ça n'est pas tant l'abandon de la réinterprétation ou de l'instrumentalisation de l'Histoire comme outil politique, que la période de l'Histoire à exploiter. Prenant acte des évolutions du monde et des peurs suscitées par les attentats du 11 septembre 2001 et la montée de l'islamisme radical, la patronne du Front national a compris combien, dans le rejet de l'autre qui est l'essence du programme frontiste, l'islamophobie était aujourd'hui plus porteuse, plus moderne que l'antisémitisme qui faisait les délices de son père. À quoi bon, dès lors, continuer à remettre en cause l'existence de la Shoah ? Bien plus efficace est la relecture du passé colonial : « L'Histoire a d'abord permis de culpabiliser les Français au-delà du raisonnable. On leur a expliqué qu'ils étaient des salauds, des colonisateurs, des esclavagistes… À ce titre, ils devaient abandonner leurs réflexes de survie et accepter, par exemple, une immigration insupportable[1]. » Notons ici la proximité idéologique avec Nicolas Sarkozy, lequel, dans un discours prononcé à Agen le 22 juin 2006, visait déjà « […] ceux qui veulent tout, tout de suite, sans rien faire, ceux qui au lieu de se donner du mal pour gagner leur vie préfèrent chercher dans les replis de l'Histoire une dette imaginaire que la France aurait contractée à leur égard ».

Quant à la Seconde Guerre mondiale, c'est encore pour évoquer les musulmans à travers les cas de prières sur la voie publique que Marine Le Pen y revient le 10 décembre 2010 à Lyon : « Je suis désolée, mais pour ceux qui aiment beaucoup parler de la Seconde Guerre mondiale, s'il s'agit de parler d'occupation, on pourrait en parler pour le coup. C'est une occupation de pans de territoire. Certes, il n'y a pas de blindés, il n'y a pas de soldats, mais elle pèse sur les habitants. »

L'antisémitisme relégué à la marge, souvent au prix de querelles internes assez vives, l'islamophobie comme combat de substitution : rien là de bien original, on observe dans l'ensemble des partis nationaux populistes européens – Vlaams Blok flamand, UDC suisse, Parti de la liberté néerlandais, FPÖ autrichien – cette même évolution.

Et pour cause : l'essentiel pour cette génération de mouvements qui veulent s'insérer dans le « *mainstream* démocratique », c'est d'atteindre une certaine normalisation. Oubliée la question raciale, au moins en façade, c'est désormais la

1. *Le Point*, 3 février 2011.

question identitaire qui sera le pivot de son programme dans un contexte où le concept d'État-nation est mis à mal par la mondialisation. Là où le racisme hiérarchisant était un obstacle insurmontable à sa normalisation, l'ethno-différentialisme, selon le principe formulé par Pierre Vial : « Une terre, un peuple », s'énonce plus paisiblement. D'autant plus paisiblement qu'il a pris dans le paysage politique une place centrale, offrant aux partis extrémistes la possibilité de trouver un terrain d'entente avec cette frange des droites conservatrices qui n'a plus peur d'évoquer l'ethnicité comme déterminant des comportements sociaux ou de jeter aux orties toute ambition multiculturelle.

Dans cette conception identitaire stricte, l'Islam, même culturalisé, fait figure d'extranéité irréductible, inassimilable. L'ennemi ainsi désigné à la faveur d'amalgames de toutes sortes (Islam, islamisme, intégrisme, délinquance, colonisation) présente, il faut le dire, plusieurs avantages pour le Front national : celui de la simplicité d'abord, celle du choc des civilisations qui continue à nourrir les fantasmes et permet de recycler tous les poncifs du racisme colonial. Celui de la « réceptivité sociale » ensuite : contrairement à l'idée que le FN serait le seul à « dire la vérité aux Français », il n'y a rien de plus fréquent aujourd'hui que d'entendre mis en accusation l'Islam, les stigmatisations outrancières sont devenues monnaie courante dans le paysage médiatique comme politique. Celui de l'efficacité enfin : désigner un ennemi à exclure de tous les dispositifs de soutien social permet au parti frontiste de proposer une solution miracle aux couches populaires victimes des conséquences négatives de la globalisation et du déclassement social – un programme d'égoïsme économique et fiscal, la « préférence nationale ». L'antisémitisme a donc laissé place à l'islamophobie. Quelle sera la prochaine arnaque ?

P comme « Protectionnisme »

> « Mettons tout de suite en place un protectionnisme économique et réfléchissons à la mise en place de protection aux frontières. »
>
> Marine Le Pen, Europe 1, 15 juin 2011.

Avec la sortie de l'euro, les barrières commerciales aux frontières sont l'autre sésame économique du Front national. Au fond, repli monétaire et patriotisme commercial sont une « offre groupée » pour, pêle-mêle, « redonner de l'oxygène à notre économie, booster considérablement le tourisme, être à nouveau compétitifs, réindustrialiser la France, relancer les exportations [1] ».

Quand le FN affirme que « le libre-échange généralisé qui touche l'Union européenne plus fortement que n'importe quelle autre région du monde par idéologie, met nos productions nationales et nos travailleurs en concurrence déloyale avec le monde entier [2] », il enfonce une porte ouverte. Il y a belle lurette que des syndicalistes et des responsables politiques, communistes, socialistes, écologistes, gaullistes – en particulier les élus de terrain confrontés aux ravages de la désindustrialisation – ont tiré le signal

1. France 2, *Des paroles et des actes*, 23 juin 2011.
2. Projet économique du Front national, avril 2011.

d'alarme. Il n'y a qu'à l'UMP, et encore, parmi les apôtres de la « mondialisation heureuse » ou chez les dirigeants acquis aux intérêts de la bande du Fouquet's, que les délocalisations sont considérées comme une chimère ou un phénomène marginal alors qu'elles sont une réalité lourde d'effets, une angoisse pour les salariés, un risque majeur pour nos États.

Ajoutons – le FN ne le rappelle jamais – que l'Europe n'est pas seulement victime du libre-échange, elle en est aussi l'émule au sein de l'Organisation mondiale du commerce (OMC) quand elle prône l'ouverture massive des frontières des pays du Sud aux flux de capitaux et de marchandises. En témoignent les accords avec plusieurs pays du Maghreb, par exemple, ou les incursions de nos entreprises sur les marchés africains qui déstabilisent les économies régionales ou nationales, et d'abord l'agriculture : combien d'éleveurs de poulets africains ont été ruinés par l'arrivée des poulets congelés venus d'Europe ?

La question n'est pas de savoir si les échanges commerciaux sont déséquilibrés dans la mondialisation – ils le sont. Pas plus qu'il ne s'agit de se demander si l'Europe est naïve – elle l'est, seul continent libre-échangiste dans un monde où toutes les autres régions-puissances s'en protègent autant qu'elles en tirent profit. La question est de savoir quels remèdes apporter – à l'économie française et au commerce mondial, plus que jamais interdépendants – et, surtout, quels leviers concrets activer.

La réponse de Marine Le Pen, c'est le protectionnisme autarcique d'il y a un siècle. Face à la concurrence déloyale, qu'elle soit continentale (« les pays de l'Est ») ou extra-européenne (« la Chine », « l'Inde », « le Maghreb »), le rétablissement des frontières douanières et tarifaires pour la France préserverait nos entreprises et nos productions. Le FN ne craint pas, là non plus, de dire tout et son contraire : il faudrait « mettre en place des protections raisonnées aux frontières » pour « sortir la France de son isolement [3] ». Se barricader pour retrouver les autres, se replier pour se déployer, c'est un peu comme un soleil qui mouille : dans les poèmes, cela peut s'écrire, dans les faits, cela n'existe pas.

Si l'OMC accorde la possibilité de relever des droits de douane de manière justifiée et ciblée, pour des impératifs environnementaux essentiellement, elle sanctionne le recours à des taxes massives frappant uniformément un pays ou un ensemble de pays. Surtout, dans ce cas, nos concurrents ripostent à leur tour et interdisent leur marché aux entreprises françaises, par le boycott, le renchérissement des droits commerciaux, le relèvement des taux de change, etc. Même dans une économie globalisée, l'effet domino n'est pas à écarter, c'est-à-dire une bataille commerciale planétaire, comme ce fut le cas au lendemain de la crise de 1929. Concrètement, la France en subirait de plein fouet les effets.

La chute des investissements internationaux nous priverait d'une source d'attractivité et d'emplois – nous sommes leur troisième destination mondiale, après les États-Unis et la Chine, et leur deuxième destination européenne, après le Royaume-Uni.

Le chômage et les dépôts de bilan d'entreprises augmenteraient massivement : 28 % de notre PIB se réalise à l'exportation.

La production en France même serait fragilisée : le bouleversement de l'économie japonaise après la crise de Fukushima a provoqué des ruptures d'approvisionnement en composants (PSA a dû ralentir la fabrication de ses véhicules parce que manquaient les débitmètres d'air fabriqués

---

3. Discours de Marine Le Pen, petit déjeuner de presse « Économie », 8 avril 2011.

par Hitachi, ce qui a entraîné du chômage partiel et des réaménagements d'horaires de travail).

Pour le consommateur aussi, la facture serait lourde : où et à quel prix trouver les produits que nous ne fabriquons plus ? Faudra-t-il attendre que rouvrent des usines de téléphonie en France et en Europe – il n'y en a plus aujourd'hui – pour changer son portable au motif qu'on n'importe plus d'appareils venus de Chine, du Japon, de Corée du Sud, de Singapour ou d'Inde ? Idem pour les vêtements : l'essentiel de ce que nous portons est fabriqué dans les pays émergents. Interdire le tee-shirt venu de loin pour acheter celui qui, de nouveau, serait réalisé ici impliquerait soit de multiplier son coût par dix, soit de diviser les salaires par dix…

Si le protectionnisme hexagonal est un remède pire que le libre-échange sans frein, comment l'Europe – car c'est évidemment à cet échelon qu'une pesée est possible – peut-elle défendre ses intérêts économiques, sa base industrielle, ses brevets technologiques, mais aussi imposer ses valeurs – le refus du travail des enfants ou des productions qui amplifient le changement climatique ?

Que l'Europe se protège est une urgente nécessité. Encore faut-il qu'elle le veuille et qu'elle prenne conscience de sa force dans les négociations internationales ! Les Vingt-Sept constituent un marché d'un demi-milliard d'habitants dont le PIB moyen est l'un des plus élevés du monde. Mais grâce à ses fleurons industriels, ses laboratoires de recherche, ses établissements d'enseignement supérieur, son système de formation, ses infrastructures énergétiques et de transport, l'Union européenne représente la première puissance commerciale au monde alors qu'elle pèse pour 7 % de la population mondiale ! Pour nous, Européens, la mondialisation ne peut obéir à la règle « Tous concurrents et que le moins cher gagne ». Dans une économie globalisée et dans une Europe unifiée, rien ne justifie que les entreprises françaises aussi bien qu'allemandes, suédoises, espagnoles ou polonaises soient soumises à des exigences aussi drastiques que légitimes en matière sanitaire, sociale ou environnementale par la Commission de Bruxelles et, en même temps, qu'elles soient en compétition, à l'international, avec des produits fabriqués par des enfants et dont les rejets ont pollué les fleuves ou l'atmosphère. L'Europe ne peut sacrifier son modèle social et ses exigences environnementales sous la pression d'États qui ont fait du dumping social et environnemental une arme dans la guerre économique.

C'est le sens du « juste-échange » que les socialistes et sociaux-démocrates réclament, désormais, de façon unanime. Il s'agit – premier enjeu – de faire prévaloir le principe de réciprocité et d'équilibre dans les échanges avec les autres puissances, qu'elles soient « développées » ou « émergentes ». La Chine exporte pour 282 milliards d'euros de marchandises en Europe, soit deux fois plus que les pays européens ne lui vendent. Et quand un contrat est passé avec le régime chinois, par exemple dans le secteur automobile ou aéronautique, le constructeur européen doit s'engager à installer une usine sur place pour y réaliser la moitié de la fabrication !

Il faut aussi – c'est le deuxième enjeu – faire bouger les lignes au sein de l'OMC. De façon offensive et positive, à travers la bataille des normes qu'il faut intensifier. L'Europe trouvera l'appui des agences spécialisées de l'ONU et des organisations non gouvernementales. Le défi se relève aussi dans nos institutions : « Au Parlement de Strasbourg, nous agissons pour que ces normes non marchandes soient intégrées aux traités commerciaux et conditionnent l'accès aux systèmes de préférences généralisées. Le futur accord de libre-échange avec l'Inde, par exemple, devra intégrer l'interdiction du travail des enfants, conformément aux conventions 138 et 182 de l'Organisation internationale du travail (OIT[4]). » Reste qu'il ne faut pas se priver des réponses défensives ou dissuasives : contre tous les moins-disants, l'OMC s'est dotée de clauses antidumping et anti-contrefaçon. Utilisons-les et pas seulement pour les très grandes entreprises !

Troisième enjeu : la prévention et la réparation des dégâts humains de la désindustrialisation. Le principe délocaliseur-payeur doit prévaloir en Europe en général et en France en particulier. La droite dit qu'on ne peut rien faire : c'est faux et c'est précisément ce qui nourrit le vote FN ! Des outils existent, activons-les, comme le propose le Parti socialiste : obligation de remboursement des aides publiques pour les entreprises bénéficiaires qui délocaliseraient tout ou partie de leur production, obligation pour les entreprises bénéficiant de licences délivrées par l'État d'installer leurs centres d'appels en France ou en Europe, ou encore aide à la reconversion des sites et formation des salariés victimes de licenciement. Il faut également aider à la relocalisation des productions atteintes par une concurrence inéquitable. La France n'est pas condamnée à une économie post-industrielle, bien au contraire.

Reste que l'Europe et les Européens ne s'en sortiront pas seulement en se protégeant face aux autres, ils doivent être meilleurs que les autres. Une politique commerciale moins naïve ne donnera pas ses fruits si les coopérations industrielles dans les secteurs d'avenir ne sont pas vite engagées, si des entreprises de taille intermédiaire n'émergent pas dans chaque pays (et pas seulement en Allemagne) pour bâtir les champions européens qui font défaut, si la zone Euro et ses dirigeants refusent d'être le terrain de jeu de la concurrence

4. Henri Weber, « Juste échange plutôt que démondialisation », *Libération*, 18 juillet 2011.

monétaire que se livrent dollar américain et yuan chinois, si les produits européens ne sont pas soutenus par une fiscalité écologique européenne qui sanctionne les pollueurs et leur production, si le budget européen en faveur de la recherche, des universités et de la formation n'est pas massivement abondé. Bref, il est grand temps que l'Europe se réveille !

Q comme « Questions familiales »

« Nous voulons favoriser la famille, qui est à notre sens le premier noyau dur de la société. »
Marie-Christine Arnautu,
vice-présidente du Front national,
Rue89, 2 juillet 2011.

Comme souvent, le discours paraît relever du bon sens et être dicté par l'intérêt des femmes : il faut « faire en sorte que les mères qui arrêtent de travailler pour élever leurs enfants ne perdent pas de points de retraite » ou encore développer les transports, « car les femmes qui y passent deux heures par jour angoissent quand elles ont des enfants à récupérer le soir » [1]. L'intérêt des femmes ? Plutôt la natalité, qui reste le maître mot du Front national, pas très new look en l'occurrence. Tout y concourra : la création d'un revenu parental (versement du Smic pendant trois ans pour le premier enfant, reconduit pendant trois ans pour le deuxième enfant et dix ans pour le troisième enfant, soit 15 milliards d'euros au bas mot…) ; la définition d'un statut juridique et social pour « la mère (ou le père) de famille » (protection sociale, droit à la formation professionnelle et droit à la retraite) ; la revalorisation des

1. Rue89, 2 juillet 2011.

allocations familiales réservées aux familles françaises... et jusqu'à la création d'un « suffrage universel intégral » ou « suffrage familial » qui prévoit que le chef de famille dispose d'un nombre de droits de vote proportionnel au nombre de membres de la famille...

Peu importe que de telles mesures conduisent d'évidence à creuser les inégalités entre les sexes en encourageant le maintien des femmes dans la sphère privée au détriment de l'emploi, ou entre les enfants dont on sait aujourd'hui pourtant que l'essentiel du capital cognitif acquis avant 3 ans se fait beaucoup mieux en accueil collectif qu'à la maison[2]. Ce qui compte, c'est la relance de la natalité érigée en véritable croisade contre la perte des valeurs et des piliers fondamentaux de la société.

On comprend mieux que la liberté laissée aux femmes d'interrompre une grossesse non choisie puisse contrecarrer un si grand dessein. Un référendum devrait donc être proposé aux Français afin de promouvoir une « Nation moderne soucieuse du respect de la dignité humaine par l'inscription dans les textes, qui fondent son existence et son développement, du caractère sacré de la vie et l'affirmation du droit de la personne à être protégée par la loi de sa conception à sa mort naturelle »[3] – tiens, et la peine de mort alors ? Sans attendre le résultat de la consultation populaire, il est d'ailleurs prévu de mettre fin au remboursement des IVG par la Sécurité sociale. Le pays pourra ainsi renouer avec ces heures sombres pré-loi Veil, quand les femmes qui en avaient les moyens étaient obligées de se rendre à l'étranger pour avorter, et les autres contraintes de

---

2. http://www.frontnational.com/?page_id=1116.

3. Gosta Esping-Andersen, *Trois leçons sur l'État-providence*, avec Bruno Palier, Paris, Le Seuil, coll. « La République des Idées », 2008.

subir une grossesse non désirée ou réduites à avorter de manière clandestine, à leurs risques et périls.

Bafouer les droits, les choix, les libertés chèrement acquises par les femmes pour mieux veiller à la natalité, quel programme de la part de la nouvelle présidente du Front national ! Surtout quand les chiffres nous apprennent que la France est, avec l'Irlande, le pays européen au taux de fécondité le plus élevé en Europe (autour de deux enfants par femme). Un pays dans lequel les mariages ne cessent de croître : en 2009, environ 250 000 mariages et 175 000 Pacs ont été célébrés – le nombre d'union ne cesse d'augmenter depuis 2000 [4].

Sans doute faut-il attribuer cet aveuglement volontaire à la conception très restrictive qu'ont les frontistes du fameux noyau familial : « La famille doit se fonder exclusivement sur l'union d'un homme et d'une femme et accueillir les enfants nés d'un père et d'une mère [5]. » C'est occulter la pluralité des modèles familiaux qui existent dans notre pays ! Les familles monoparentales par exemple qui, en 2010, représentaient 20 % des familles en France [6], ou encore les familles homoparentales (où vivent, selon l'Institut national des études démographiques, plusieurs dizaines de milliers d'enfants) considérées par le Front national comme autant d'aberrations (voir *H comme « Homosexualité »*), les familles d'adoption enfin.

La famille est un facteur d'épanouissement. Le dynamisme démographique de notre pays l'atteste. La gauche veillera à ce qu'elle le soit pour le plus grand nombre en

4. http://www.insee.fr/fr/themes/document.asp?ref_id=ip1276&page=graph#graphique1.

5. http://frontnational.com/questions/index.php?title=Famille_et_enfance.

6. En moyenne pour l'année 2010 : http://www.leparisien.fr/paris-75/le-nombre-de-familles-monoparentales-explose-15-11-2010-1149950.php.

reconnaissant, soutenant et accompagnant toutes les familles (adoption, procréation médicale assistée, soutien aux familles monoparentales et reconnaissance des familles homoparentales) ; en développant l'accès aux différents modes de contraception et à l'information sur la sexualité, notamment en direction des jeunes [7] et en faisant appliquer la loi qui oblige chaque structure hospitalière à disposer d'un centre IVG ; en améliorant les conditions de vie des parents et l'accueil des jeunes enfants grâce à un service public de la petite enfance appuyé sur les collectivités territoriales. La famille n'est pas une cellule coupée de la société. Elle interagit avec son environnement : il s'agit de permettre l'articulation des vies familiale et professionnelle, particulièrement pour les femmes, de veiller à ce que la maternité ne soit pas synonyme de discriminations. En 2012, la gauche réformera le congé parental pour qu'il soit partagé entre les deux parents et mieux indemnisé. Les entreprises qui ne respectent pas les lois relatives à l'égalité professionnelle seront sanctionnées. La construction de l'égalité entre les femmes et les hommes, tant dans la sphère privée que publique, encouragée. C'est là le sens du progrès, pour les individus comme pour les familles.

---

7. En généralisant par exemple le Pass contraception élaboré par Ségolène Royal en Poitou-Charente et adopté par plusieurs régions.

R comme « Retraites »

> « Il y a des solutions, à condition [...] de revenir au bon sens. Le problème des retraites est un problème passager, lié essentiellement à l'arrivée à la retraite de la génération du baby-boom. La Nation peut donc parfaitement réaliser un effort. »
>
> Marine Le Pen, « Sur les retraites, Sarkozy nous enfume », 14 juin 2010.

Marine Le Pen l'affirme : elle a les solutions pour sauver notre système de retraite par répartition. Il faut, dit-elle, en revenir « au bon sens », celui du père de famille qui assure avec rigueur la subsistance de son foyer. Le salut est à portée de main dès lors que le financement des retraites est perçu comme un « problème passager », un creux de la vague, lié au déclenchement des droits de plusieurs centaines de milliers de baby-boomers au terme de leur vie professionnelle. Jean-Marie Le Pen avait visiblement une vision moins optimiste lorsqu'il proposait, candidat FN à la présidentielle de 2007, le recul de l'âge légal de départ de 60 ans à 65 ans, le passage progressif à un système de retraite par capitalisation, ainsi que le recours massif aux assurances privées.

Marine Le Pen n'est pas son père, qu'on se le dise aussi à propos des retraites. Aussi promet-elle de maintenir la retraite à 60 ans : on s'étonne cependant qu'elle et ses cadres n'aient pas poussé l'attachement à cette conquête sociale attaquée par l'UMP jusqu'à la défendre dans la rue, quand plusieurs millions de Français et toutes les forces de gauche, des semaines durant, se sont mobilisés…

Les promesses ne s'arrêtent pas là : la revalorisation des petites retraites, la prise en compte de la pénibilité du travail, la taxation du capital et des retraites chapeaux sont autant d'exigences posées par le « nouveau FN ». Autant de revendications qui figuraient dans la plateforme unitaire des syndicats lors de la mobilisation de 2010 – il est vrai que, selon Marine Le Pen, les syndicats « ont toujours dupé les travailleurs français [1] ». Le seul engagement que le Front national ne prend pas concerne le financement : comment compte-t-il s'y prendre pour tenir ses engagements ? C'est là que le rideau de fumée se déchire : les solutions ne sont guère différentes de celles que préconisait le FN *vintage*, celui qui affichait des objectifs clairement libéraux.

Le FN veut faire des économies sur les dépenses « les plus nocives » et les affecter en partie aux retraites. En haut de sa liste, sans surprise, figure l'immigration dont le coût annuel serait « estimé à 60 milliards d'euros ». D'où vient ce chiffre ? Que recouvre-t-il ? Personne le ne sait, sauf les experts du FN qui gardent le secret sur leurs sources et, même, sur leur identité. Une étude réalisée en 2005 par des chercheurs du laboratoire de l'université de Lille-III pour le ministère des Affaires sociales a montré que la contribution nette globale des immigrés en France était au contraire positive, de l'ordre de 12 milliards d'euros (voir *Z comme « Zéro immigré »*). En 2010, l'OCDE a également rappelé le rôle crucial joué par l'immigration face à l'évolution démographique et aux pénuries d'emplois dans certains

1. Vidéo de Marine Le Pen, site internet du FN.

secteurs, pour soutenir la croissance. Le fantasme et l'obsession migratoire du FN de jadis ont manifestement résisté à la « révolution bleu marine ».

Deuxième source de financement, un classique de l'extrême droite : la contribution nette française au budget de l'Union européenne. Le FN veut évidemment l'annuler et chiffre cette manne à 7 milliards d'euros, en oubliant de préciser que notre pays est le premier bénéficiaire des crédits européens devant l'Allemagne. C'est plus qu'un caillou dans la chaussure du raisonnement, c'est un menhir ! Car le Front national se garde bien d'expliquer aux agriculteurs français, qui subissent de plein fouet la crise de leur secteur, comment il compte compenser la suppression des ressources importantes qu'ils perçoivent au nom de la Politique agricole commune. Le parti de Marine Le Pen défend ici sans le dire l'idée que la France devrait non seulement sortir de l'euro, mais quitter l'Union européenne, c'est-à-dire son premier partenaire commercial dont nous nous protégerions grâce à des barrières douanières hexagonales (on en a décrit les effets dans *P comme « Protectionnisme »*).

Dans l'hypothèse où cela ne suffirait pas, le Front national mise sur deux autres trésors cachés pour financer les retraites. La « fraude sociale », d'abord, qu'il propose d'éradiquer sans avancer le début d'un commencement de réponse pour y parvenir. La décentralisation ensuite – cette « gabegie de petits roitelets » – qu'il faut évidemment supprimer. Peu importe que les collectivités territoriales réalisent 70 % de l'investissement public en France, donc qu'elles soient un moteur d'activité pour des pans entiers de l'économie, à commencer par le secteur du bâtiment et des travaux publics. Qu'elles assurent les services publics du quotidien et le développement économique pour préparer l'avenir. Ou qu'elles réalisent des infrastructures de transport, construisent des écoles, des collèges, des lycées, coordonnent la formation professionnelle ou encore pilotent la gestion des prestations sociales. Autant de charges dont l'État devra assumer la responsabilité dans la France de Marine Le Pen, alors même qu'il aura été ruiné par ses orientations économiques et européennes.

Autre affirmation, présente dans tous les programmes du Front national depuis sa création : le problème des retraites se réglera par une politique familiale vigoureuse susceptible d'encourager la natalité, grâce surtout à la création d'un salaire parental dont on n'indique d'ailleurs jamais comment il sera financé et par qui (voir *Q comme « Questions familiales »*). Les Français, heureusement, n'ont pas attendu le FN pour devenir, déjà depuis plusieurs années, avec l'Irlande, les champions d'Europe de la natalité. En 2010, la France a battu un record de fécondité avec 2,01 enfants par femme, au plus haut depuis la fin du baby-boom. Autre bonne nouvelle, l'espérance de vie des hommes et des femmes est repartie nettement à la hausse. Ce qui n'est pas sans lien avec le financement durable des retraites.

Dernière contradiction, pas la moindre du parti frontiste : défendre la retraite à 60 ans et prôner l'immigration zéro. Sans immigrés légaux – dont l'actuel ministre de l'Intérieur UMP veut réduire le nombre –, les comptes sociaux seraient fragilisés de 3 % à 5 % en besoins de financement sur une génération [2]. Au moins Jean-Marie Le Pen avait-il le mérite de la cohérence : il proposait de porter la retraite à 65 ans et de fermer les frontières à l'immigration.

---

2. On se reportera au remarquable dossier « Immigration et économie : les clés du débat », paru dans *Les Échos* du 26 avril 2011. http://www.lesechos.fr/economie-politique/france/actu/0201312575622-immigration-quel-enjeu-pour-l-economie-francaise-141084.php.

Le plan Sarkozy de 2010 non seulement était injuste – et d'abord pour ceux qui ont commencé à travailler tôt, qui ont des métiers pénibles ou des carrières incomplètes –, mais n'a pas résolu le déséquilibre financier du système des retraites. En témoigne l'annonce par le gouvernement en juillet 2011, quatre jours seulement après l'entrée en vigueur de ses mesures, de l'allongement de la durée de cotisation à 41,5 ans pour une retraite à taux plein à partir de la génération 1955.

En 2012, la gauche devra procéder à une réforme juste et équilibrée : équilibrée entre les mesures démographiques et les mesures financières, entre les prélèvements sur les revenus du capital et sur les revenus du travail, entre l'effort privé et la contribution du secteur public. Il est tout aussi évident qu'il ne peut y avoir de système de retraite pérenne sans une réduction forte du chômage des seniors : une pénalité pourrait être instaurée pour les entreprises qui ne s'engageraient pas dans cette voie, par exemple l'alourdissement de leur cotisation retraite d'un point.

Pour les mesures d'âges, les solutions devront être équitables et finançables : rétablissement de la liberté de partir à 60 ans pour les salariés qui ont commencé à travailler tôt et qui ont leurs annuités pour avoir le taux plein ; retour à l'âge de départ sans décote à 65 ans ; allongement de la durée de cotisation jusqu'à 41,5 ans en 2020. Au-delà, si cela est nécessaire, il faudra prolonger la durée de cotisation avec une règle du 50/50 : pour chaque année d'espérance de vie en plus, six mois cotisés en plus et six mois de retraite en plus. C'est ainsi que l'équilibre entre le temps consacré au travail et les autres temps de la vie sera maintenu. C'est une solution à la fois juste et pragmatique.

Deux types de ressources nouvelles seront mobilisés par la gauche pour financer sa réforme, évidemment négociée avec les partenaires sociaux au début du quinquennat. La mise à contribution du capital et des revenus annexes sera engagée, avec l'augmentation des prélèvements sociaux sur les bonus et les stock-options, le relèvement du « forfait social » appliqué à l'intéressement et à la participation, l'application de la CSG aux revenus du capital aujourd'hui exonérés, ainsi que l'augmentation de la taxation sur la valeur ajoutée de 1,5 % à 2,2 %. Autre piste qui pourrait être envisagée : une augmentation modérée et étalée dans le temps des cotisations salariales et patronales à partir de 2012. Cette augmentation de 0,1 point par an entre 2012 et 2021 permettra de mobiliser 18 milliards d'euros en 2025.

En matière de retraite, la gauche a toujours concilié liberté individuelle et garanties collectives. Elle a toujours voulu être juste et responsable. Juste avec l'abaissement de l'âge légal à 60 ans par François Mitterrand qui a permis aux centaines de milliers de Français dont l'espérance de vie était la plus basse, de profiter d'une retraite. Responsable, aussi, avec la création par Lionel Jospin du Fonds de réserve pour les retraites qui prévoyait le financement à long terme du système de retraites – et que le gouvernement Sarkozy-Fillon a siphonné en 2010 pour un équilibre financier optique des retraites en 2012, année sans doute choisie par hasard. C'est dans le même esprit d'équité et d'efficacité que la gauche, en 2012, appliquera la réforme qu'elle a promise aux Français.

S comme « Sortie de l'euro »

> « La sortie de l'euro est le seul moyen de retrouver la voie de la croissance. »
>
> Marine Le Pen, *Challenges*, 14 avril 2011.

C'est *la* proposition phare du projet frontiste : quitter l'euro, « monnaie inique », et le remplacer par une devise nationale immédiatement dévaluée de 20 %. C'est simple comme bonjour, ou plutôt comme au revoir à la zone Euro et à l'Europe. Mais jamais le FN ni sa présidente ne décrivent le jour d'après. Quelles seraient les conséquences concrètes d'une telle rupture pour nos entreprises, nos emplois, notre épargne ?

Le retour au franc, avant d'être une hypothétique manne, commencerait par coûter cher : le retrait des pièces et des billets en euros de notre vie quotidienne, le redémarrage de la fabrication des francs et des centimes, leur acheminement logistique vers les établissements bancaires et financiers, seraient autant de dépenses infligées aux seuls contribuables français. Même en tournant à plein régime, les usines de la Direction des monnaies et médailles et de la Banque de France ne pourraient répondre aux besoins immédiats : pour le passage à l'euro, dix ans de travail et 2 300 ouvriers avaient été nécessaires pour produire plus de deux milliards de billets et sept milliards et demi de pièces.

Marine Le Pen estime à « six à dix mois » le délai de substitution du « nouveau franc » à l'ancien euro : à l'expérience, un tel calendrier ne tient pas.

De même, loin de simplifier la vie, la sortie de l'euro la compliquerait. Des désagréments se multiplieraient au quotidien, et d'abord pour les plus âgés. Une personne née en 1930 aurait dans ses poches sa quatrième monnaie : après le franc Poincaré, le franc Pinay et l'euro, le franc Le Pen. Quand on songe qu'il nous a fallu une décennie pour convertir, tant bien que mal, les anciens francs en nouveaux euros et inversement – et encore… –, on se dit qu'infliger un nouveau système de conversion à soixante-deux millions de Français relève d'un masochisme dont les pires bureaucraties n'oseraient rêver.

Quand bien même nous viendrions à bout des embûches pratiques, resterait la plongée dans l'inconnu économique pour le pays. L'objectif du FN est de sortir de l'euro, puis de dévaluer le franc de 20 % pour relancer les exportations des produits *made in France.* Que l'Allemagne soit à la fois la première économie de la zone Euro et la plus grande nation exportatrice d'Europe pourrait créer un doute chez les experts qui conseillent Marine Le Pen. Il n'en est rien.

Sur le papier, une dévaluation dite « compétitive » peut apporter un surcroît de croissance d'un à deux points à court terme. C'est ensuite, comme l'Histoire l'a prouvé, que les choses se gâtent.

Le défaut de dette menacerait rapidement l'État. Alors que ses engagements sont libellés en euros, nous proposerions aux investisseurs et à nos créanciers – dont 70 % sont des non-résidents – d'être remboursés en franc dévalué d'un cinquième, voire d'un quart de sa valeur. Ils refuseront, exigeront d'être payés en euros, ce qui augmentera mécaniquement d'un quart la dette du pays – pour dépasser les 110 % du PIB ! Quant aux épargnants, soucieux de la valeur de leur patrimoine, ils placeront leurs euros à l'étranger. Les taux d'intérêt à long terme appliqués à la France atteindraient un niveau record. Les banques françaises – que le contribuable a sauvées de la catastrophe à l'automne 2008 par l'injection de 20 milliards d'euros – décréteraient le sauve-qui-peut : puisqu'elles empruntent en euros, elles répercuteraient le surcoût de la hausse des taux d'intérêt sur le crédit aux entreprises et aux ménages – ceux-là mêmes dont Marine Le Pen dit se préoccuper. Pour la première fois depuis 1796, la France serait en faillite.

Dans le même temps, nos voisins européens – unis autour de l'euro et avec lesquels nous réalisons la plus grande part de nos échanges – et nos concurrents asiatiques ou nord-américains auraient adapté leur stratégie à la nôtre. Leurs mesures de rétorsion rendraient l'accès à leurs marchés plus difficile que jamais, sauf pour quelques grands groupes exportateurs.

Pour maintenir le faible avantage de compétitivité puis, très vite, pour éviter la ruine, la France devrait rapidement baisser les salaires. Le pouvoir d'achat serait également entamé par le renchérissement des produits importés – pétrole (donc carburants), gaz, mais aussi produits de consommation courante (cacao, thé, café, bananes, téléphones portables, écran plasma…). Pour les PME, très dépendantes des énergies importées notamment, ce serait un massacre. Pour les ménages, et plus fortement encore pour les catégories populaires et les classes moyennes, ce serait la double peine.

En résumé, qui trouverait avantage à un tel chaos ? Personne, sauf quelques dirigeants du CAC 40. Pourtant, le slogan « Sortons de l'euro » rencontre un écho dans une partie non négligeable de la population. L'actualité de la zone Euro est tellement sombre et l'inertie des dirigeants européens – des fonctionnaires, pas des visionnaires – si patente, que faire de la monnaie unique le bouc émissaire de tous nos maux peut être tentant. Pourtant, la solidarité entre les membres de l'Union européenne est plus que jamais décisive – c'est la leçon de la crise des dettes souveraines.

Il faut dire la vérité : l'euro a protégé les Européens avant, pendant et depuis la crise.

Avant la crise, il a servi de bouclier en mettant fin à la guerre des taux de change entre devises européennes dont les salariés et leurs familles étaient les variables d'ajustement. La fin de la bataille monétaire ne signifie pas que toute compétition entre Européens ait disparu, loin s'en faut, mais elle se déploie dans un cadre commun et sur les terrains où l'intégration communautaire fait défaut (fiscalité, salaires, innovation, enseignement supérieur et recherche, filières industrielles, etc.).

Pendant la crise, l'euro a servi d'amortisseur : sans lui, le chômage, les prix et les déficits auraient été plus élevés encore, comme ce fut le cas en 1993 avec le krach financier ou lors des crises asiatiques de 1998. C'est l'euro qui a permis aux taux d'intérêt de rester bas, donc aux entreprises et aux ménages d'avoir accès à un crédit moins cher : s'ils ont peiné à y avoir accès, c'est la faute des banques, pas de l'euro. De même, l'euro n'est pour rien dans la gabegie financière des gouvernements grecs, dans la faillite bancaire irlandaise, dans la dégradation des comptes publics portugais, dans la financiarisation coupable de l'économie espagnole ou dans les dépenses fiscales inutiles votées par l'UMP en France. Les États-Unis sont plombés par leur déficit et le Royaume-Uni par sa dette publique : l'euro n'a pourtant remplacé ni le dollar ni la livre…

Depuis la crise – c'est tout aussi exact –, l'euro ne favorise pas le redémarrage de la croissance, de l'emploi, de l'investissement. Est-ce la responsabilité de la monnaie unique ou celle des dirigeants européens, incapables de lui assigner des objectifs qui soient favorables à nos PME, nos laboratoires de recherche, nos grandes entreprises industrielles exposées à la concurrence mondiale, nos agriculteurs, nos créateurs, mais qui soient aussi favorables aux jeunes, aux salariés, aux retraités ?

À quoi bon une même monnaie si dix-sept stratégies économiques se font concurrence au sein de la zone Euro ? La consolidation de l'Europe ne viendra pas du repli sur les bases nationales, mais d'un renforcement de la coordination budgétaire, d'une vraie harmonisation fiscale, d'un surcroît de régulation financière, de nouvelles coopérations industrielles – la dernière, EADS, remonte à plus de dix ans ! Fonds de solidarité financier européen puissamment abondé – et non par à-coups et dans des proportions qui ne dissuadent pas la spéculation ; émission d'Eurobonds pour mutualiser une partie de la dette souveraine des États ; statuts rénovés de la Banque centrale européenne (BCE) pour acheter ces Eurobonds et pour emprunter – comme le fait la Federal Reserve américaine – afin de financer les investissements énergétiques, éducatifs, numériques et de transport qui feront la croissance ; taxe sur les transactions financières pour que les spéculateurs et les banques réparent la crise qu'ils ont largement déclenchée, mais aussi pour abonder le budget européen – un prélèvement de 0,005 % rapporterait 200 milliards d'euros à l'Union, 12 milliards à la France ; serpent fiscal faisant converger les taux d'impôts sur les sociétés ; traitement différencié des déficits dans le Pacte de stabilité car dépenser pour la recherche, l'innovation, l'enseignement supérieur, ce n'est pas plomber le futur, mais au contraire le préparer : voilà le chemin du redressement européen ! Le temps d'une gestion politique et démocratique de la monnaie européenne est venu, par le renforcement de l'Eurogroupe.

C'est ainsi que l'Europe pourra peser dans les instances internationales, et d'abord au Fonds monétaire international (FMI), pour exiger un nouveau panier des monnaies dans la mondialisation. Là se trouve la réponse durable à l'euro cher – et non euro « fort » ! Son cours (1,42 dollar en août 2011) est près de 30 centimes supérieur à son cours de lancement (1,16 dollar). Résultat : quand il s'apprécie de 10 centimes, EADS, notre fleuron aéronautique et spatial, perd un milliard ! L'euro doit servir les intérêts de l'industrie européenne, pas les liquider ! Cela dépend largement de la capacité des dirigeants européens, chefs d'État et de gouvernement, Commission, Parlement, Eurogroupe, à se doter d'un pilotage politique de leur monnaie, donc de leur volonté de faire usage des possibilités offertes par l'article 219-2 du traité de Lisbonne pour affirmer une politique de change favorable. Faute de quoi nos industriels et nos emplois continueront d'être ballottés à l'international et d'être comme le bouchon au fil de l'eau sur un fleuve monétaire dont le débit est fixé par la « Chinamérique », Washington et Pékin se livrant une concurrence dollar/yuan sur le dos de l'euro cher, « avec comme résultat une dévaluation du yuan chinois de 17 % par rapport à l'euro entre avril 2005 et février 2011, compensant une part non négligeable des hausses de salaires intervenues en Chine entre-temps [1] ».

Au total, à quoi aboutirait la disparition de l'euro prônée par l'extrême droite – « l'euro mourra », souhaitait

1. Guillaume Duval, *La France d'après*, Alternatives économiques/Les Petits Matins, avril 2011.

récemment Marine Le Pen[2] –, couplée à l'installation de barrières douanières aux frontières de la France ? À « une économie "low cost", dans laquelle l'économie française s'enfoncerait dans un appauvrissement aussi sensible que rapide [...] la disparition de l'euro laisserait une place prépondérante au dollar et au yuan dans l'économie mondiale[3] ». Mais l'immobilisme des libéraux-conservateurs qui dirigent actuellement la France et l'Europe est tout aussi dangereux. C'est à la gauche, une fois de plus, de défendre l'intérêt général. Cela veut dire une autre politique en France. Cela veut dire aussi plus d'Europe, mais une autre Europe.

2. « Pour un retour à la liberté monétaire », *Les Échos*, 21 juillet 2011.

3. « L'euro, un projet d'avenir », argumentaire de la CFDT, mai 2011, sur www.cfdt.fr.

T comme « Travail »

« Nous devons [...] diminuer le coût du travail et [...] nous [engager] dans une logique de reconnaissance de la valeur travail supposant naturellement une revalorisation des salaires souvent trop bas pour vivre décemment. »

Marine Le Pen, discours de Bompas, 11 mars 2011.

De sa création au remplacement de son président fondateur, le Front national a prôné le même discours à propos du droit du travail : trop lourd, trop étouffant, trop protecteur, il fallait le réduire impérativement. Le programme présidentiel du candidat Jean-Marie Le Pen en 2007 – dont sa fille Marine dirigeait la campagne – ne donnait lieu à aucune ambiguïté. Le Code du travail ? « Pléthorique, il entraîne une insécurité juridique pour les entreprises. » Les 35 heures ? « Source de désorganisation et d'accroissement injustifié des masses salariales. » Les syndicats ? « Dévoyés et moribonds, ils sont une des causes du blocage de notre économie. » Au gouvernement, promettait-il, le FN serait le parti qui libérerait le travail et l'entreprise « de l'étatisme, du fiscalisme et du réglementarisme », qui simplifierait les procédures, qui encouragerait la multi-activité, qui reviendrait sur la durée légale hebdomadaire du travail.

C'est donc à un virage social du Front que Marine Le Pen procédera, dit-elle depuis qu'elle en a emporté la présidence contre Bruno Gollnisch. Elle l'a assez répété : le FN ancien était libéral, le Front nouveau sera étatiste et social. Effacé des discours et des tracts, les odes à la déréglementation, les déclarations d'amour à la flexibilité, les appels aux dégraissages dans la fonction publique. Promis : la chef du FN est pour un État fort, un État « stratège » qui protège les salariés – français –, crée des emplois – en France –, augmente les salaires – en francs. Voilà pour la vitrine. En cuisine, le repas en préparation n'est guère alléchant ! Car, on l'a vu, l'État dont rêve le FN est seul au monde, seul contre le reste du monde, ruiné par une dette stratosphérique et une monnaie faiblarde, incapable d'assurer correctement le moindre service public sur le territoire et d'endiguer l'inflation. L'État FN, c'est celui de l'impuissance publique.

Sur le fond des propositions, quelles seraient les priorités d'un ministre du Travail d'une présidence Le Pen ? Les dogmes paternels brisés, quoi pour les remplacer ? Impossible de le savoir. Dans le programme économique présenté en avril 2011, pas un mot sur les conditions de travail, rien sur la précarité de l'emploi, l'intérim, les CDD, les temps partiels subis. Pas davantage sur la formation, encore moins sur la sécurisation des parcours professionnels ou le soutien aux salariés victimes de licenciements, notamment dans l'industrie. Pas une idée non plus sur le renforcement de la démocratie sociale, le rééquilibrage du rapport des forces entre organisations de salariés et dirigeants, à peine quelques invectives à l'encontre des partenaires sociaux pendant les manifestations contre le plan Sarkozy sur les retraites – ces syndicats que la présidente du FN jugeait « complices du système » et qu'elle accusait d'avoir « dealé » une réforme avec le gouvernement. Brillante prophétie…

Quelques lignes, discrètement disséminées dans les textes du FN, sont toutefois accordées aux différents thèmes sociaux. Marine Le Pen n'en a pas fait beaucoup la publicité sur les innombrables plateaux de télévision qui l'accueillent – il faut dire qu'en général, ceux qui l'interrogent ne donnent pas le sentiment d'avoir fait l'effort de lire la doctrine frontiste… Pourtant, ils y trouvèrent matière à questionnement !

Sur les 35 heures, on admire le numéro d'équilibriste : les lois votées par la gauche plurielle ne furent pas « opportunes en période de difficulté économique ». Donc, il faut les supprimer ? Pas du tout, les Français y sont très majoritairement attachés. Il faudrait plutôt, dit le FN, « ouvrir la possibilité d'une (re)négociation par branches » – ce qui, les salariés le savent, serait la plus injuste des options, celle des inégalités de traitement entre les secteurs, les professions, les entreprises, les travailleurs. Sur le chômage des jeunes, présenté à juste titre comme un problème central pour le pays, le FN a une solution-régression que l'UMP a d'ailleurs également faite sienne : l'apprentissage à 14 ans, c'est-à-dire la fin de l'obligation de scolarité jusqu'à 16 ans. Le contrat d'apprentissage est un vrai contrat de travail (alternance soutenue de trois semaines par mois en entreprise, sur 35 heures hebdomadaires), il ne doit en aucun cas devenir une orientation-sanction pour les enfants en difficulté scolaire. Aux décrocheurs, la réponse de l'État ne peut pas seulement être : « Au boulot ! »

En France, 24 % des hommes et 37 % des femmes évoquent un « mal-être » en parlant de leur travail. Le contrat de travail ne suffit malheureusement plus à apporter aux salariés un degré suffisant de sécurité matérielle. Le diplôme universitaire n'est plus un sésame vers l'emploi, loin s'en faut. Les seniors sont de plus en plus éloignés du marché du travail. La gauche doit proposer des solutions à ces problèmes que la droite aggrave et que l'extrême droite ignore.

En 2012, si les Français choisissent l'alternance, il faudra mettre en place des dispositifs innovants contre la précarité de l'emploi. Par exemple, il est temps d'encadrer les stages et de renforcer les obligations d'information des entreprises relatives à l'utilisation de stagiaires : inscription du ratio stagiaires/salariés dans les bilans sociaux et procédure d'information des institutions représentatives du personnel à chaque recrutement d'un stagiaire. De même, des dispositions doivent être envisagées contre les « licenciements boursiers ». Comment ? En renchérissant le coût des licenciements pour les entreprises qui versent des dividendes ou qui rachètent leurs propres actions. Une obligation de remboursement préalable des aides publiques reçues cinq ans avant toute ouverture de procédure de licenciements devra être instaurée.

Un droit à la qualification pour tous sera créé, prémisse à la construction d'une véritable sécurité sociale professionnelle. Concrètement, chaque salarié se verra attribuer un compte formation individuel à deux étages. Le premier étage assurera un droit à la formation initiale différée de six mois à deux ans en fonction de la qualification des jeunes sortis de la formation initiale. Le second étage assurera un droit capitalisable à la formation tout au long de la vie professionnelle. Cette mesure irait de pair avec l'amélioration du mécanisme de la validation des acquis de l'expérience, en y associant notamment les établissements secondaires et les universités qui sont le lieu évident pour la formation tout au long de la vie. Enfin, le rôle des régions dans la formation professionnelle, l'orientation et l'apprentissage sera renforcé pour agir au plus proche des bassins d'emploi et du tissu économique.

Enfin, en 2012, une nouvelle étape de la démocratie sociale sera engagée par la gauche. Les chantiers ne manquent pas, comme l'instauration d'une démocratie sociale dans les TPE par la création de commissions paritaires territoriales de branches ou inter-branches dont les représentants seront élus sur liste syndicale. Surtout, les salariés disposeront d'une vraie pesée sur les décisions des conseils d'administration, de surveillance ou de rémunérations en lien avec les organisations syndicales : membres de droit de ces instances, les représentants des salariés y disposeront des droits de vote correspondants. C'est la garantie d'une plus grande transparence sur les hautes rémunérations des dirigeants et un levier indirect pour relever les plus bas salaires de l'entreprise.

Tels sont les contours des réformes sociales que la gauche portera, en lien avec des politiques ambitieuses sur les salaires et le pouvoir d'achat. Gouverner, ce n'est pas seulement, comme le fait Marine Le Pen, nommer les problèmes : c'est trouver les moyens de les résoudre.

U comme « Unique (pensée) »

> « Quand la tyrannie de la pensée unique est telle que vous tournez sept fois votre langue dans votre bouche ou votre plume dans l'encrier de peur d'être accusés de dire "comme Marine Le Pen" [...] Je l'affirme : la presse aussi devra être libérée de la dictature de la bien-pensance. »
>
> Marine Le Pen aux journalistes,
> discours du 1er mai 2011.

> « Vous pouvez nous appeler la droite dure ou la droite de fer. Ce qui est sûr, c'est qu'on n'est pas des invertébrés, des émasculés. On a des discussions d'hommes. Enfin... même avec les femmes. »
>
> Lionnel Luca, député UMP
> des Alpes-Maritimes, *Libération*,
> 25 juillet 2011.

Le Front national est un adepte de la dénonciation de la pensée unique et de ses deux poumons : le « nouveau maccarthysme » qui sévirait dans les médias – où Marine Le Pen a un rond de serviette comme peu de responsables politiques en France – et le conformisme des partis de gouvernement, ce « front mondial » rallié à l'économie ouverte et traître à la Nation auquel s'oppose le « front national ». « La bande des quatre », disait jadis Jean-Marie Le Pen, à propos des communistes, des socialistes, des libéraux et des gaullistes – au point de rebaptiser l'opposition Chirac-Jospin de la présidentielle de 1995 en « duel Josrac/Chipin ».

Ce « tous mondialistes, tous pourris », Marine Le Pen le résume par un acronyme non moins efficace : « l'UMPS ». Pourtant, entre Martine Aubry et Nicolas Sarkozy, entre François Hollande et Jean-François Copé, entre Ségolène Royal et François Fillon, les différences sont connues et concernent à peu près tous les sujets : l'orientation de l'Europe, la participation des banques au règlement de la facture de la crise, la fiscalité, les services publics, la décentralisation, l'école, la santé, le logement, la stratégie industrielle, la politique culturelle, la coopération avec les pays du Sud. Pas de risque de « grande alliance » entre gauche et droite, donc. En revanche, on assiste actuellement à une convergence accélérée entre lepénisme et sarkozysme. Entre Le Pen père et Le Pen fille, ce n'est pas la moindre différence, laquelle tient autant à la stratégie frontiste qu'au positionnement inédit de la droite républicaine : Sarkozy n'est pas Chirac, Fillon n'est plus séguiniste, Juppé reste Juppé, mais il est désormais rallié au chef de l'État…

Cette convergence n'est pas spécifique à la France. Entre ultra droite et droite ultra, la frontière idéologique, sémantique et politique est de plus en plus ténue et les parois de plus en plus poreuses. À travers toute l'Europe, la crise provoque des fièvres populistes. Les symptômes sont partout les mêmes : le repli identitaire, la fragmentation sociale, la désindustrialisation, les inégalités croissantes et indécentes entre « inclus » et « exclus » de la mondialisation, la précarité des conditions de travail et de vie, la critique d'un État-providence jugé trop indifférent à soi et trop généreux avec les autres, la recherche d'options radicales. Partout, ce durcissement du débat public se traduit par une recomposition violente du paysage électoral[1]. Lorsque la droite populiste s'élève à un étiage qui la rend incontournable, la droite de gouvernement se radicalise et fait alliance, pour accéder ou demeurer au pouvoir, créant un bloc de nature néoconservatrice. Le centre-droit, de culture chrétienne-démocrate, fait sécession et rejoint le camp progressiste. C'est ce qui s'est passé en Italie, où l'alliance Berlusconi-Ligue du Nord-Alliance nationale a provoqué le basculement à gauche des chrétiens-démocrates, au sein du Parti démocrate. C'est ce qui, lentement mais inexorablement, s'installe en France. La vraie pensée unique en France, c'est celle qui se diffuse désormais à droite.

Le sarkozysme n'a pas attendu d'être mis au pied du mur pour entamer son virage à droite toute. Avec le gaullisme social dont le RPR était l'héritier et les chrétiens-démocrates de l'UDF, la droite française se positionnait au centre-droit de l'échiquier politique. À partir de 2007, Nicolas Sarkozy a rompu avec cet ancrage historique pour radicaliser son camp et élargir sa base électorale, ce qui supposait de siphonner le vote Front national – l'habillage consistait à promettre qu'ainsi, les électeurs frontistes reviendraient dans le droit chemin, le chemin de la droite. Ce calcul a fait élire l'ex-maire de Neuilly à la présidence de la République. L'ennui est que, depuis 2007, loin d'UMP-iser l'extrême droite, il a front-nationalisé la droite classique… La seule rupture du sarkozysme, au fond, c'est la rupture anti-humaniste[2]. Elle se caractérise par la recherche systématique de coupables, de boucs émissaires, de fauteurs de troubles. Il y a toujours les « bons citoyens » à protéger et les « mauvais » à

1. Voir Raffaele Simone, *Le Monstre doux. L'Occident vire-t-il à droite ?*, Paris, Gallimard, coll. « Le Débat », 2010.

2. Pour un rappel des faits, voir *L'État pyromane*, Terra Nova, sous la direction d'Olivier Ferrand (Editions Delavilla, 2010).

bannir de la communauté nationale – les immigrés, les musulmans, la racaille de banlieue, les délinquants, les assistés, les fonctionnaires et leurs « privilèges », etc. C'est à ce déverrouillage de la parole d'exclusion que procéda le pseudo-débat sur « l'identité nationale » organisé par le gouvernement. Qu'en reste-t-il, deux ans après, sinon la promotion d'une vision régressive de la Nation, figée sur l'exaltation fantasmée du passé, à tentation ethnique (blanche), à coup sûr culturaliste (les racines chrétiennes) ? Une identité fermée, qui exclut les générations de Français d'immigration récente, considérés comme des étrangers sur leur propre sol.

Le 26 mai 2011, le ministre de l'Intérieur déclarait que les deux tiers des enfants en échec scolaire étaient des enfants d'immigrés, avant d'« inverser » sa phrase lors de la séance des « Questions d'actualité » à l'Assemblée pour affirmer que deux tiers des enfants d'immigrés sortent sans diplôme du système scolaire. Fait rarissime, l'Institut national de la statistique et des études économiques (Insee), organisme rattaché au ministère de l'Économie et des Finances, a publiquement rectifié les propos du ministre : « La proportion d'enfants d'immigrés parmi les élèves sortis sans qualification de l'enseignement secondaire peut être estimée à environ 16 %. Si on y ajoute les enfants de familles "mixtes", cette proportion passe à environ 22 %[3]. » Bref, au prétexte de s'adresser aux électeurs du Front national, des ministres ou parlementaires de la droite censément républicaine lancent, sur les écrans et sur les ondes, que les

3. C'est sur la base d'une étude réalisée en 2005, *Les Immigrés en France*, portant sur la scolarité dans l'enseignement secondaire des élèves entrés en sixième en 1995, que l'Insee estime les proportions d'élèves sortis sans qualification de l'enseignement secondaire respectivement à 10,7 % parmi les enfants de familles immigrées, 6,6 % parmi les enfants de familles « mixtes », 6,1 % parmi les enfants de familles non immigrées.

immigrés ou leurs enfants sont nécessairement synonymes de délinquance, d'incivilités, d'échec scolaire, de « racisme anti-blanc », d'antipatriotisme, etc.

Une telle rupture se retrouve aussi dans la politique d'immigration, de plus en plus brutale. Traque policière des sans-papiers jusqu'aux enfants devant les écoles, fermeture du centre d'hébergement d'urgence de Sangatte, démantèlement des campements de fortune de la « jungle » jusqu'à la condamnation à l'errance, instauration d'un délit de solidarité, expulsions de réfugiés politiques vers l'Afghanistan, climat de soupçon dans les préfectures, chasse aux Roms, déchéance de nationalité, une spirale infernale autorisée, assumée et déployée dans le discours de Nicolas Sarkozy à Grenoble en juillet 2010 où, pour la première fois en régime républicain, la plus haute autorité de l'État assimila immigration et insécurité.

Les dérapages verbaux, autrefois apanage du Front national, se multiplient au sein de la majorité. C'est désormais l'UMP qui dit tout haut ce que le FN pense tout bas. Des « Auvergnats » (« Quand il y en a un ça va, c'est quand il y en a beaucoup qu'il y a des problèmes », selon la formule d'un ancien ministre de l'Intérieur) aux musulmans (qui doivent se montrer « discrets » sauf à être « remis dans les bateaux », si l'on en croit une députée UMP), en passant par les homosexuels « menace pour la survie de l'humanité[4] » et « l'apéro saucisson vin rouge » organisé en juillet dernier à l'Assemblée par des députés de la Droite populaire – jusqu'ici réservé aux militants identitaires –, la frontière entre le parti sarkozyste et la formation lepéniste devient floue. Au point que l'hebdomadaire

4. Propos tenus par Christian Vanneste, député UMP du Nord, en décembre 2004 lors du débat en seconde lecture du projet de loi créant la Halde (Haute Autorité de lutte contre les discriminations et pour l'égalité).

Newsweek, en octobre 2010, choisit Nicolas Sarkozy pour illustrer sa une sur la montée de l'extrême droite en Europe !

Après la radicalisation de l'UMP, voilà que s'engage la deuxième étape : la banalisation d'un Front national « new look », qui écarte des cortèges les nostalgiques de Vichy et de la « gégène », qui bannit des discours les jeux de mots antisémites et les références lourdingues. Le FN sort de son ghetto protestataire pour muer en un parti de droite nationale, qui aspire à gouverner, sur le modèle de l'Alliance nationale ou de la Ligue du Nord en Italie. « Donnez-nous les manettes », clame désormais Marine Le Pen.

La dernière étape est à écrire : la constitution d'un bloc populiste, entre une UMP droitisée et un FN dédiabolisé. Ce qui se trame – si ce n'est pas pour les législatives de 2012, ce sera pour 2017 ou pour 2022 (certains, au FN et à l'UMP, trouvent déjà le temps trop long) –, c'est l'alliance du Front national et d'une partie grandissante d'élus locaux ou nationaux de la droite traditionnelle. Ils parlent déjà la même langue, l'étape suivante sera de faire liste commune aux élections. On en voit de nombreux signes annonciateurs, en particulier le rejet du front républicain au profit du « ni-ni » lors des dernières élections cantonales. Peu de responsables de l'UMP eurent le réflexe d'appeler à voter PS en cas de second tour opposant un candidat socialiste et un candidat FN. Marine Le Pen le sait et s'en réjouit : le nouveau prêt-à-penser politique est à droite, il est siglé « UMPFN ».

V comme « Ville (politique de la) »

> « Mon projet pour les banlieues n'est pas uniquement orienté vers la sécurité, il faut repenser de manière globale la vie dans ces territoires. »
>
> Marine Le Pen, colloque « Idées & Nation », 16 juin 2011.

Sortie de son contexte, cette déclaration de la présidente du Front national est une révolution. Désormais, l'extrême droite aurait des propositions sur la politique de la ville, l'urbanisme, la cohésion sociale dans les quartiers, la solidarité entre les territoires. Sauf qu'à bien aller y regarder de près dans le programme et les discours du FN, à la recherche d'une réponse aux défis de la ville qui ne soit pas exclusivement déterminée par la sécurité et l'immigration, on s'use les yeux, en pure perte. Pas un mot sur la politique foncière, sur les services publics, sur la réforme de la dotation de solidarité urbaine ou sur la péréquation.

Et pour cause. Dans un imaginaire [1] où les banlieues sont avant tout des « zones de non-droit », victimes des « caïds », des « populations ghettoïsées », des « voyous », des « chefs de gangs qui font régner la terreur », des « tortionnaires

1. Marine Le Pen, colloque « Idées & Nation », 16 juin 2011.

d'habitants pris au piège », des « islamistes intégristes » qui ont transformé les femmes en « sous-citoyennes », on comprend que les réponses frontistes s'appellent d'abord tolérance zéro, double peine et peine de mort. Des caves des cités qui seront « régulièrement fouillées » à l'« injonction civile » qui interdira aux voyous de retourner dans leurs quartiers d'origine une fois achevée leur peine de prison, en passant par la « présomption de légitime défense » pour les agents soupçonnés de violences policières, au concours Lépine de la proposition-répression, le FN mériterait la médaille d'honneur. On a vu que ces politiques ne régleront pas les problèmes, pire elles aggraveront les tensions, les violences et les fractures (voir *I comme « Insécurité »*).

Tout de même, deux suggestions méritent qu'on s'y arrête. L'une consisterait à recourir à l'« injonction civile ». Son principe ? Interdire aux « caïds » issus des cités populaires, déjà condamnés à une peine d'enfermement, de pouvoir y retourner à leur sortie de prison. Déjà supportrice des barrières douanières autour du territoire national, la présidente du FN invente le protectionnisme local. Un ancien condamné pourrait recouvrer sa liberté… mais pas partout, et surtout pas chez lui. Peu importe d'ailleurs qu'il ne dispose pas de logement ou d'attaches ailleurs, l'objectif n'est pas de favoriser sa réinsertion, donc sa non-récidive, mais d'afficher une fermeté pour rassurer les électeurs. Comment faire appliquer effectivement cette mesure ? En mettant un bracelet électronique à tous les condamnés de France ? En installant des portiques à l'entrée des quartiers ? La chef du FN n'en dit rien. L'autre proposition délirante reviendrait à instaurer une présomption de légitime défense pour les forces de l'ordre – on imagine déjà les interminables débats devant les tribunaux et, surtout, la dangerosité d'une telle institutionnalisation du Far West dans une rue, un quai de RER ou un grand magasin !

Pour le reste, l'électeur est prié de repasser... Le délabrement urbain ? Le FN promet un vague « plan quinquennal de restructuration urbaine et de retour des services publics[2] » qui semble se suffire à lui-même, mais n'est jamais détaillé. La mixité sociale ? Le parti lepéniste prévoit de « réformer la loi SRU » – loi Solidarité et renouvellement urbain votée par la gauche et qui fixe une obligation de construction de logements sociaux dans tout plan d'aménagement –, sans évidemment s'étendre sur les modalités. L'abandon scolaire, le démantèlement des services publics, monnaie courante dans les quartiers des communes à la périphérie des métropoles ou des villes-centres ? Aucune réponse si ce n'est la « suppression des zones d'éducation prioritaires » qui précarisera et ghettoïsera un peu plus les élèves et leurs familles (voir *E comme « École »*).

Au fond, le FN n'a qu'une carte dans son jeu : en lieu et place d'une politique de la ville jugée dispendieuse et inefficace, il propose... la préférence nationale qui réserverait les logements sociaux ou l'accès aux équipements publics aux seuls « nationaux ». Voilà, selon Marine Le Pen, le moyen de retrouver les banlieues « d'il y a vingt ou trente ans », peuplées d'ouvriers modestes et dans lesquelles « il n'y avait pas de problème, [où] l'ambiance était joyeuse[3] ». Étrange manière d'envisager la paix civile que de vouloir déshabiller Karim pour habiller Kévin, dégrader la vie d'Abdelmalek pour améliorer le sort de Hugo, qui sont voisins de palier et copains de classe, créer des ghettos très pauvres à l'intérieur des ghettos déjà pauvres... Qui peut penser un instant que cette politique améliorera le sort des habitants des « 150 communes

---

2. Site internet du Front national.
3. Colloque « Idées & Nation », 16 juin 2011.

pauvres où habitent des ménages pauvres », comme l'a proposé l'association pluraliste d'élus locaux Ville et Banlieue[4]. En quoi réformer le Code de la nationalité, renforcer les contrôles d'identité ou accentuer la fracture identitaire par l'application d'une préférence nationale au profit d'une « communauté homogène » constituerait-il le début du commencement d'une réponse à ceux qui souffrent et d'un appui à ceux qui espèrent ? La majorité des habitants de ces quartiers sont français, leurs enfants le sont ; quant à ceux qui ne le sont pas, ils sont pour la plupart arrivés légalement sur notre territoire pour travailler et faire vivre dignement leurs familles. La préférence nationale n'est pas seulement une politique dangereuse, contraire aux fondements de notre République, elle est surtout terriblement inefficace (voir *A comme « Aides sociales »*).

Il ne s'agit sûrement pas – en tout cas pour deux jeunes élus locaux de grande ville et de petite commune populaire – de nier la gravité de la situation dans certains quartiers où le chômage de masse et la précarité atteignent des niveaux inégalés. Où les difficultés de la vie quotidienne, la faiblesse des équipements publics, l'absence de transports et la dégradation du logement ont fait de l'exclusion sociale la norme. Où l'échec scolaire le dispute aux violences et à l'insécurité. Où les primo-arrivants, précaires parmi les précaires, ont été installés au fil des décennies, résultat d'une politique contre-productive de regroupement par origines dans laquelle les institutions du logement se sont longtemps égarées. Où les enfants de ses quartiers sont les victimes, tout autant que leurs voisins « blancs » chers au FN, de la ghettoïsation, de la pression

4. « Les banlieues lancent un “appel à la République” », *La Tribune*, 14 octobre 2010.

policière liée à l'indispensable lutte contre les trafics, des stigmatisations qui ajoutent la perspective d'un avenir bouché à l'expérience d'un présent plombé. Tout cela est vrai et tout cela doit être changé – non par des crédits aussi massifs que leurs objectifs sont erratiques, mais par une nouvelle ambition urbaine dans notre pays. L'égalité réelle de traitement par l'État, l'exigence de dignité dans les discours et dans les pratiques, l'intérêt véritable apporté à celles et ceux qui vivent et agissent dans les quartiers populaires, la rupture avec cette forme d'aveuglement qui fait que les élites politiques, économiques, médiatiques n'assument pas ces territoires comme faisant partie intégrante de la Nation, voilà les exigences des habitants des quartiers populaires. À ceux-là, la gauche doit apporter des réponses.

Elles ne pourront s'inscrire que dans une réflexion globale. Alors que huit Français sur dix vivent désormais en ville, l'ensemble des acquis de la révolution industrielle puis des Trente Glorieuses est aujourd'hui en crise : pénurie de logements, inégalités grandissantes pour l'accès aux services publics entre les territoires ou entre les quartiers, insécurité croissante. Les villes sont de plus en plus peuplées, animées, en mouvement, mais le sentiment d'isolement et d'enfermement est tout aussi durement ressenti par ceux qui les habitent. Les transports, les relations professionnelles, les initiatives sociales et culturelles ont facilité la mobilité et le brassage des populations. Reste que la ségrégation demeure et s'accentue : centres-villes musées, banlieues riches face à couronnes pauvres, quartiers réservés aux affaires et bassins de chômage de masse. C'est cet éclatement urbain, cette séparation entre les espaces où l'on dort, ceux où l'on travaille, où l'on commerce et où l'on se cultive, que la gauche doit résorber. Les premiers bénéficiaires en seront les quartiers populaires.

En 2012 et après, la rénovation urbaine devra être poursuivie et amplifiée. L'État s'en est drastiquement désengagé ces dernières années : les financements à la politique de la ville ont connu une réduction de 40 % en 2011 ! Il n'y aura pas non plus de renouveau dans ces quartiers sans solidarité nationale – les collectivités locales peuvent beaucoup, elles ne peuvent pas tout, d'autant qu'elles sont asphyxiées par la réforme qui les touche. Il faudra aussi progresser vers plus de justice par la péréquation (mot des techniciens pour dire « solidarité »). Péréquation horizontale afin qu'une part plus importante des ressources des collectivités riches soit redistribuée à leurs voisines moins pourvues en entreprises, en emplois, en infrastructures, en potentiel fiscal – tout se tient. Mais aussi péréquation verticale pour que les dotations de l'État aux collectivités tendent vers l'objectif d'égalisation des ressources, par une politique ferme de mixité sociale grâce au renchérissement des amendes en cas de non-respect des quotas de logements sociaux par les communes (article 55 de la loi SRU). D'autres solutions pourraient également être explorées, par exemple l'extension des quotas de logements sociaux à la promotion immobilière privée puisque les moyens publics sont limités et qu'il est impossible pour une commune de financer seule l'achat ou la construction massive de logements sociaux dans ses quartiers aisés, où le prix de l'immobilier est très élevé.

Les quartiers populaires doivent devenir des quartiers où l'on donne plus qu'ailleurs les moyens de réussir. Comment y parvenir ? En refondant la fiscalité locale au profit des quartiers populaires. En concentrant la politique de la ville sur les 5 % des communes les plus pauvres. En finançant les services publics locaux (sportifs, culturels), les jardins, la voirie, les transports publics. En renforçant les zones d'éducation prioritaires (ZEP). En développant des logements de qualité – zones pavillonnaires et logements intermédiaires – afin de favoriser les parcours résidentiels. En garantissant aux habitants la tranquillité à laquelle ils aspirent légitimement – il est aussi mensonger d'imaginer reconquérir les quartiers populaires uniquement par des gendarmes et des policiers qu'il est irresponsable de fermer les yeux sur l'attente de sécurité de ceux qui y vivent. Dans le cadre de « zones de sécurité prioritaires » (voir *I comme « Insécurité »*), les territoires les plus difficiles devront être les premiers bénéficiaires des créations de postes de forces de l'ordre, mais aussi d'une réforme de la carte judiciaire et pénitentiaire. En République, il n'y a pas de zones interdites à l'État et à ses représentants.

W comme « Web »

« Grâce à Internet, les thèses dissidentes peuvent se faire entendre. »
Jean-Yves Le Gallou, « Dix-sept thèses sur le système médiatique français », 20 avril 2010.

Le Front national a investi Internet. Si l'on s'en tient à son site, rien que du classique : les communiqués, les discours, des argumentaires, des vidéos, des liens avec les fédérations locales, bref le kit numérique de toute formation ou parti politique. Mais derrière l'arbre numérique, se cache une forêt électronique de sites, blogs, réseaux sociaux qui diffusent les thèses des droites extrêmes sans les précautions sémantiques de la vitrine officielle.

S'il dénonce les médias traditionnels qu'il accuse d'ostracisme – Marine Le Pen y est pourtant une invitée régulière, comme l'était son père –, le FN célèbre la Toile et s'y déploie activement. Le site Linkfluence a mesuré la montée en puissance de l'extrême droite sur le Net : entre l'élection présidentielle de 2007 et les cantonales de 2011, elle est passé de 4,4 % de la blogosphère politique à 12,5 %, soit 132 sites sur 1 052 [1].

1. Pour une cartographie complète de la blogosphère des droites extrêmes, voir http://www.lemonde.fr/election-presidentielle-2012/visuel/

C'est Jean-Yves Le Gallou, ancien membre du Club de l'Horloge, passé par l'UDF – l'ancien parti de Valéry Giscard d'Estaing –, puis par le Front national, enfin par le Mouvement national républicain (MNR) de Bruno Mégret, qui a théorisé l'utilité d'Internet pour les idées de la droite de la droite. Convaincu que la bataille doit se mener dans les têtes pour remporter la victoire dans les urnes, il affirme que le Net, média sans intermédiaire ni interface, permet à la « périphérie » de prendre « sa revanche sur le centre », favorise « l'extension de la parole privée par nature plus libre que la parole publique » grâce à l'utilisation du pseudo – version 2.0 de la lettre anonyme –, de lever les tabous qui « existent moins, voire pas du tout sur Internet » puisque les moteurs de recherche « n'ont pas de conscience politique, ils sont neutres[2] ».

Ce qu'on ne dit pas à la télévision, ce qu'on n'écrit pas dans un journal, ce qu'on ne lance pas à la tribune d'un meeting, on peut le dire ou le sous-entendre sur Internet, média qui compile l'information sans distance ni esprit critique – le manifeste électronique du meurtrier d'Oslo et d'Utoya en Norvège en témoigne. C'est le média rêvé pour procéder à la « réinformation » des masses contre le « Système », « un moyen pour contourner la diabolisation[3] ». Nationalistes révolutionnaires, identitaires, catholiques traditionnalistes, écolo-nationaux, toutes les mouvances de l'ultra droite tiennent leurs propres espaces électroniques et investissent les forums et les chats des médias classiques pour y laisser tantôt des commentaires, tantôt des liens vers leurs sites. À coup sûr, Internet

---

2011/07/04/la-cartographie-de-la-blogosphere-politique_1544714_1471069.html.

2. « Douze thèses pour un gramscisme électronique », 25 octobre 2008.

3. *Idem.*

constitue une terre de conquête pour le FN en vue de la présidentielle de 2012.

Sur le chemin du tout est permis, tout peut se dire, un obstacle se dresse contre l'extrémisme : la loi Gayssot – du nom du communiste Jean-Claude Gayssot. Au *Journal officiel*, il s'agit de la loi nº 90-615 du 13 juillet 1990 tendant à réprimer tout acte ou propos raciste, antisémite ou xénophobe.

Dans une société où la neutralité axiologique – morale ou idéologique – de l'Internet – laquelle s'apparente davantage à du relativisme (tout se vaut, le partisan de la peine de mort et son adversaire, le défenseur de la loi Veil sur l'IVG et son adversaire) – permet de déverrouiller la parole et la pensée de ses garde-fous culturels, historiques ou sociaux, la loi Gayssot fixe le permis et le défendu : elle interdit les thèses racialistes, ethnicistes, révisionnistes ou négationnistes. Elle a d'ailleurs valu à l'ancien président du Front national d'être condamné, par exemple par la Cour d'appel de Paris en janvier 2009 pour ses propos sur l'occupation allemande, qui « n'a pas été particulièrement inhumaine », tenus dans le journal *Rivarol* en 2005.

Dans la galaxie des droites extrêmes, des pétitions sont régulièrement lancées pour exiger l'abrogation de cette loi au nom du « libre débat » et du refus de laisser au législateur le soin de se prononcer sur le vrai et le faux dans l'Histoire – par souci d'exactitude, il faut souligner que, dans une étrange alliance des contraires, certaines belles âmes de gauche n'hésitent pas à dénoncer la loi Gayssot « en raison de sa rédaction imparfaite qui laisse de côté les crimes autres que la Shoah [4] ». Quand Marine Le Pen lance un message aux internautes du FN, quand elle fustige ceux

4. http://laregledujeu.org/klugman/2010/04/02/9/comment-jean-marie-le-pen-essaie-de-supprimer-la-loi-gayssot/.

qui veulent « cadenasser Internet », quand elle affirme vouloir « préserver la Toile des tentatives de contrôle des ennemis du débat », quand elle annonce, si elle est élue chef de l'État, « le vote d'une grande loi sur la liberté sur la Toile[5] », c'est moins Hadopi et la pénalisation des internautes par le gouvernement Sarkozy-Fillon que la loi Gayssot votée sous François Mitterrand qui est dans le viseur. Cela, elle ne le dit pas. Pour le comprendre, il faut quitter le site officiel pour lire les sous-titres sur des blogs satellites. La loi Gayssot doit être préservée et défendue, c'est un enjeu démocratique fondamental si l'on ne veut pas, demain, voir se répandre les thèses niant l'Holocauste ou justifiant l'inégalité des races. Les morts de l'Histoire ne doivent pas mourir deux fois.

5. 29 juin 2011.

X comme « Xénophobie »

> « Le Front national n'est pas un parti antisémite, raciste ou xénophobe. Je veux que cela soit clair. »
>
> Marine Le Pen, interview à la radio israélienne Emtza Haderech, 30 mars 2011.

Le Front national aurait changé, il serait devenu fréquentable en se débarrassant de ses oripeaux racistes, de l'outrance langagière de son président fondateur et, à l'occasion, de certains éléments qui, le bras levé, n'auraient pas encore saisi que les codes ont changé au sein du parti nationaliste, surtout quand des équipes de télévision sont dans le coin [1].

Le Front national n'est plus raciste, en tout cas officiellement. En revanche, il reste un parti xénophobe – au sens littéral, la xénophobie est la peur irraisonnée, maladive, de ce qui est étranger. Il y a toujours, dans les propos du « nouveau » Front, « cette vision du monde différentialiste, centrée sur la hantise du contact et du mélange, perçus

1. Voir Caroline Fourest et Fiammetta Venner, *Marine Le Pen*, *op. cit.*, pp. 391-395.

comme conflictuels et destructeurs[2] » qui caractérisait l'« ancien » FN.

Une xénophobie permanente sur Internet, plus confidentielle, et latente, voire sophistiquée dans les médias traditionnels, qui ne détonne pas – c'est là une vraie différence entre les deux époques Le Pen – avec les propos d'élus du parti de la droite républicaine. On pense à ceux qui, à l'Assemblée nationale, se sont regroupés au sein de « la Droite populaire », comme Christian Vanneste – dont le blog est pudiquement sous-titré « Le courage du bon sens » – qui accusait récemment une collègue socialiste d'être à la solde du « parti de l'étranger[3] », mais aussi aux membres du gouvernement qui se sont prononcés en faveur de la réduction de l'immigration légale en France. Même le Premier ministre, François Fillon, a cédé à la critique ambiante de la binationalité, lui qui fut longtemps proche de Philippe Séguin, conscience républicaine exigeante[4]. La frange la plus extrême de l'UMP contamine les esprits les mieux faits à droite. L'UMP ne voulait pas laisser au FN le thème de l'immigration : elle lui a emprunté le réflexe de la xénophobie.

S'inspirant tout à la fois des thèses du Groupe de recherche et d'études pour la civilisation européenne (GRECE) issu de la Nouvelle Droite et de la rhétorique huilée de Geert Wilders, leader islamophobe de l'extrême droite néerlandaise, le Front national opère un glissement subreptice d'une vision raciale et biologisée de la

2. *Le Front national à découvert*, sous la direction de Nonna Mayer et Pascal Perrineau, Presses de Sciences-Po, 1996, p. 361.

3. http://www.lefigaro.fr/flash-actu/2011/03/24/97001-20110324FILWWW00699-vanneste-le-ps-parti-de-l-etranger.php.

4. Lors de la polémique avec la candidate écologiste à la présidentielle de 2012, Éva Joly, à propos du défilé du 14 Juillet.

supériorité à une vision anthropologique différentialiste [5]. Il faut écouter ou lire attentivement les discours écrits de Marine Le Pen : en leur cœur, il n'y a pas, en effet, la race et la supériorité intrinsèque d'un groupe d'hommes par rapport à un autre, mais plutôt la culture et l'obsession de la préservation de la spécificité française et du bloc occidental face au « mondialisme ». Habile glissement du discours. Il permet à coup sûr de faire des économies de frais de justice. Il n'en rejette pas moins toujours les mêmes, les étrangers ou leurs enfants, mais désormais en se fondant sur une ethnicisation du social, en faisant porter la responsabilité des difficultés de la société française sur l'immigration.

Ce n'est donc pas la race et la biologie, mais la culture, les origines, les traditions, les religions, l'« ethnie » qui servent de ligne de partage des eaux parmi l'humanité, de façon irréconciliable, sans entente possible – au mieux, c'est l'indifférence qui doit commander. C'est « l'identité nationale », concept flou où se mêlent une lecture de l'Histoire et une certaine géographie, des sentiments et des raisons, l'apéro et le saucisson, et la différence culturelle qu'il faut préserver de toute atteinte ou de toute souillure. Le Front national s'identifie au refus du métissage, du mélange, au refus de l'autre surtout s'il est musulman, au refus du droit du sol, au refus même de l'intégration qui demande un effort réciproque, une adhésion à des valeurs communes, mais aussi une ouverture à la diversité qui est un enrichissement, à laquelle tout le monde ne semble pas disposé.

---

5. Sylvain Crépon, « Le GRECE et la question ethnique. Du nationalisme au communautarisme », *Raison présente*, nº 174 « Race et sciences sociales », 2e trimestre 2010, pp. 77-88.

Sa préférence est nationale, son choix, c'est l'assimilation. C'est-à-dire le renoncement à ses origines, l'abandon complet de sa culture. Pour le FN, il faut montrer patte blanche et durcir les conditions d'accès à la nationalité française, comme si aujourd'hui les seuls citoyens français à faire acte volontaire de le devenir, les seuls à participer aux cérémonies de remise de nationalité n'étaient pas justement ceux que le parti nationaliste dénonce. Idem pour la double nationalité, à laquelle il faudrait renoncer, présentée comme la trahison prochaine de ceux qui en jouissent. Plus, encore : il faudrait changer de prénom comme gage de sa pleine et parfaite intégration. « Sous prétexte de conserver ou de montrer le lien avec la nationalité d'origine ou la culture d'origine, déclare Marine Le Pen, on donne aux enfants français des noms à consonance étrangère, je pense que ça leur rend la vie probablement plus compliquée, cela freine l'assimilation[6]. » Robert Zidane aurait-il offert une plus belle victoire à la France en 1998 que Zinedine ? Patrick Debbouze aurait-il plus d'humour que Jamel ? Ces questions sont évidemment sans fondement scientifique, juridique ni politique.

En réalité, tout en le condamnant, le Front national pratique le communautarisme. C'est même son fonds de commerce, un fonds de commerce en partage, il est vrai, avec l'actuel président de la République. Comment ne pas considérer le caractère éminemment communautariste de la référence à « l'identité nationale », quand c'est d'identité républicaine dont il faudrait parler ? L'identité nationale, dont des ministres de la République se sont réclamés il y a deux ans, au point de vouloir organiser un débat dans chaque département sous l'égide des préfets, était théorisée par le FN dès 1984 lorsqu'il considérait la Nation comme

6. Élections 2012, YouTube/CFJ/AFP, 30 juin 2011.

« une communauté de langue, d'intérêt, de race, de souvenirs, de culture où l'homme s'épanouit[7] ». Nation-génie ou Nation-contrat, telle est, depuis 1789, la ligne de partage entre la pensée réactionnaire et l'idéal révolutionnaire.

L'« identité nationale » telle que la droite ultra et l'ultra droite la revendiquent est barrésienne, fantasmée, intemporelle et univoque, une identité dans laquelle on s'inscrit ou de laquelle on s'exclut. Une identité qui ignore les apports de générations successives de millions de nouveaux Français depuis des siècles, bref qui ignore ce qu'est la France à coups de travestissement de la mémoire et d'instrumentalisation de l'Histoire. Pas étonnant, dès lors, que Marine Le Pen dénonce « une politisation des manuels scolaires ou des enseignements » et déplore qu'ils consacrent trop de temps à des épisodes « honteux » comme… « l'esclavage, la Collaboration ou la torture en Algérie[8] ».

Les tentatives de captation de l'héritage républicain sont trop grossières pour qu'on s'y laisse prendre. Il ne suffit pas d'évoquer la Déclaration des droits de l'homme et du citoyen, les hussards noirs de la République, Jaurès et la Résistance pour être le « grand parti politique républicain » que Marine Le Pen proclame. La République, ce n'est pas la peur, le rejet, le repli, la discrimination. Cela, c'est la xénophobie.

Or le véritable problème, c'est que, sans même attendre l'arrivée de Marine Le Pen au pouvoir, la stigmatisation et la discrimination font déjà partie du quotidien des personnes d'origine étrangère, françaises ou non : 14 % des

---

7. *La vraie opposition : le Front national*, 1984, cité dans *Le Front national à découvert*, « L'identité nationale : de l'héritage à la préférence », *op. cit.*, p. 214.

8. http://www.frontnational.com/?page_id=1397.

personnes de 18 à 50 ans résidant en France déclarent avoir vécu des discriminations au cours des cinq dernières années. Ce chiffre passe à 40 % pour les immigrés ou enfants d'immigrés. À diplôme équivalent, le taux de chômage des enfants de parents étrangers est très supérieur à celui des enfants de parents français. L'écart est de 1,5 point pour les titulaires de CAP-BEP et de 2,2 points pour les diplômés de l'enseignement supérieur. À CV identique, un candidat portant un prénom et un nom maghrébins a cinq fois moins de chances d'obtenir un entretien d'embauche qu'un homme au patronyme français. Là où la droite renonce à lutter contre les discriminations, là où au contraire elle les encourage à coups de débats stigmatisants et de dérapages quasi institutionnalisés, la gauche devra mener une politique volontariste pour les rayer une fois pour toutes du paysage en travaillant notamment à déconstruire les préjugés. Dans l'accès à l'emploi avec la généralisation du CV anonyme, la mise en place des formations anti-discriminations obligatoires pour les recruteurs et les DRH, l'inscription au bilan social annuel des entreprises des réalisations dans le domaine de la lutte contre les discriminations, ou encore le renforcement des moyens de l'Inspection du travail, pour qu'elle puisse faire respecter tous les droits des salariés. Il faudra aussi agir dans les autres domaines, accès au logement, aux loisirs, aux services publics, relations aux forces de l'ordre, avec notamment un renforcement des pouvoirs de la Halde, une formation spécifique pour les enseignants, les policiers et les magistrats à la lutte contre les discriminations et un contrôle sans concession exercé sur ces derniers, dépositaires de l'autorité et donc particulièrement redevables d'exemplarité.

Y comme « Y a qu'à, faut qu'on »

Voir les autres lettres.

Z comme « Zéro immigré »

« À l'origine de la plupart des maux dont souffre notre pays : la politique d'immigration. »

Programme du Front national, sur son site internet.

« Immigration zéro », voilà le totem idéologique du Front national, celui où sa doctrine commence et dont elle procède. Pas vraiment une surprise, c'est le même mot d'ordre qui domine depuis trente ans chaque fois qu'un dirigeant du Front national s'exprime à la radio ou sur les écrans. « Zéro immigré » ou la rénovation du FN terminée avant d'avoir commencé. Il faut lire les textes des dirigeants frontistes, les journaux et les blogs qui gravitent autour du vaisseau-amiral FN : l'immigré y est toujours présenté comme une menace, un poids, qui cherche à investir les guichets de nos CAF et manger le pain des Français, le responsable de tous nos maux, chômage, mal logement, ghettoïsation urbaine, délinquance, trafic, insécurité, désindustrialisation, crise de l'identité collective, etc.

« Six millions : c'est le nombre des nouveaux résidents installés en France depuis vingt ans et non pas deux millions comme le prétendait, il y a peu de temps encore, l'Insee » [1],

1. http://www.frontnational.com/?page_id=1095.

déclare le Front national. Pire : à l'entendre, « 400 000 à 500 000 nouveaux immigrés arrivent sur notre territoire chaque année ! » Ah bon ? L'ennui, c'est qu'aucune étude d'un organisme public ne vient confirmer les chiffres avancés par le FN. Il peine lui-même à les justifier, l'exagération tenant lieu de démonstration. La réalité est tout autre et sa photographie est possible par les travaux de l'Insee, de l'Ined ou du Secrétariat général du Comité interministériel de contrôle de l'immigration qui établit à environ 190 000 le nombre des titres de séjour délivrés chaque année depuis dix ans, desquels il faut retrancher 45 000 à 60 000 titres délivrés à des étudiants qui repartent pour l'essentiel dans leur pays d'origine.

La rhétorique de l'invasion s'émousse elle aussi quand on la confronte aux données chiffrées, car force est de constater qu'il n'y a pas d'accélération des flux migratoires. L'analyse du solde migratoire, c'est-à-dire la différence annuelle entre les entrants et les sortants, apporte des informations intéressantes. Si ce solde était de 150 000 par an dans les années 1970, il se stabilise aujourd'hui autour de 75 000. Rapporté au solde naturel, c'est-à-dire à la différence des naissances et des décès, qui s'établit à 283 000 en 2010, il apparaît plutôt bas et concourt même, faiblement, à l'accroissement de la population. Selon Eurostat, en 2009, la contribution de l'immigration à l'accroissement de la population française est de 20 %, contre 63 % en moyenne dans l'Union européenne. On est bien loin du péril jaune, noir, marron, dont le Front national a fait son slogan. La vérité, c'est que la France n'est plus la terre d'immigration qu'elle fut.

« Les immigrés coûtent cher à la Nation », répète en boucle le Front national. Mais quels immigrés ? Ceux qui participent au bon fonctionnement de nos hôpitaux et de nos plateaux chirurgicaux, ou ceux qui construisent nos autoroutes ou font la plonge dans les restaurants de la capitale et d'ailleurs ? Marine Le Pen évalue à 60 milliards d'euros le coût de l'immigration, sans jamais apporter le moindre début de preuve. De belles économies en perspective seraient à faire sur le dos de ces « profiteurs » d'un système forcément trop laxiste. Ce sont des chercheurs de l'université de Lille qui ont conduit le travail le plus abouti sur le coût de l'immigration pour 2009 [2]. Leurs conclusions sont assez éloignées de celles du Front national. Avec une extrême rigueur, ils détaillent les 47,5 milliards d'euros que coûte chaque année l'immigration au budget de l'État : 16,3 milliards d'euros pour les retraites, 2,5 milliards d'aides au logement, 1,7 milliard au titre du RMI, 5 milliards d'allocations chômage, 6,7 milliards d'allocations familiales, 11,5 milliards de prestations santé et enfin 4,2 milliards de dépenses d'éducation. Puisque la présidente du Front national aime les chiffres sans en produire jamais, qu'elle utilise au moins ceux qui sont dans le domaine public : ainsi le débat démocratique y trouvera-t-il un ciment honnête.

Allons au bout du raisonnement : tout cela pourrait, comme l'affirme le FN, faire beaucoup si, par ailleurs, les immigrés ne contribuaient pas par leur travail à la solidarité nationale. Avec le même souci de la précision, les chercheurs de l'université de Lille procèdent à l'estimation suivante : 3,4 milliards d'euros d'impôts sur le revenu, 3,3 milliards d'impôts sur le patrimoine, 18,3 milliards d'impôts et taxes à la consommation, 2,6 milliards au titre des impôts locaux, 6,2 milliards de CRDS et de CSG et, enfin, 26,4 milliards d'euros de cotisations sociales – si

2. « Migration et protection sociale : étude sur les liens et les impacts de court terme », Rapport au ministère des Affaires Sociales, sous la direction de Xavier Chojnicki, Université de Lille, juillet 2010.

bien que les immigrés, ceux-là mêmes que le parti nationaliste présente comme des fraudeurs et des profiteurs d'un système dont il faudrait les exclure au nom de la « préférence nationale », rapportent en vérité 12,4 milliards d'euros à la Nation. Et que dire de la proposition du Front national quand le très sérieux Conseil d'orientation des retraites (COR) parvient à la conclusion que les immigrés pèsent d'un poids positif dans la sauvegarde de notre système social, estimant ainsi que « l'entrée de 50 000 nouveaux immigrés par an permettrait de réduire de 0,5 point de PIB le déficit des retraites » ? En réalité, « l'immigration zéro » est la promesse d'un allongement de la durée de cotisation et d'un rehaussement de l'âge de départ à la retraite, et non celle d'un retour à 60 ans, comme le prétend désormais Marine Le Pen.

Reste une carte dans la manche extrémiste : l'immigration illégale. « C'est elle qui coûte cher », nous objectera-t-on. Calcul pour calcul, on pourrait tout aussi bien supposer que la clandestinité dans laquelle vivent aujourd'hui entre 150 000 et 300 000 sans-papiers présente un manque à gagner important pour nos comptes sociaux dans la mesure où la plupart d'entre eux travaillent, le plus souvent dans des conditions difficiles et dans des secteurs à forte pénibilité comme le bâtiment, les travaux publics ou la restauration. L'Espagne, par exemple, estime à 600 000 millions d'euros l'apport des migrants aux comptes sociaux depuis la régularisation de 700 000 d'entre eux en 2005, donnée à mettre en rapport avec le coût de la politique de reconduite à la frontière engagée par la France et évaluée par le Sénat à un peu plus de 415 millions d'euros en 2009.

Faute d'assainir les finances publiques, l'arrêt de l'immigration permettrait-il au moins d'améliorer le revenu des citoyens français, comme l'affirme Marine Le Pen ? « 1 %

d'immigration en plus, c'est 1 % de salaire en moins », martèle la présidente du FN, qui renvoie volontiers au rapport du Conseil d'analyse économique de Gilles Saint-Paul. Mais si son auteur se réfère bien à une étude américaine mettant en évidence ce lien de cause à effet, c'est pour mieux le nuancer ensuite. « En France, les rigidités institutionnelles telles que le Smic tendent à rendre une telle baisse de salaire impossible », conclut-il. Précision que Marine Le Pen et les siens n'apportent jamais aux téléspectateurs quand ils s'adressent à eux. Bref, les chiffres comme les faits sont têtus, mais probablement moins que Marine Le Pen et les apologistes de « l'immigration zéro ».

La percée des thèses frontistes sur l'immigration ne peut laisser la gauche indifférente. Parce qu'elle s'opère d'abord dans les couches populaires, notamment chez une partie des habitants des quartiers où se concentrent tous les dégâts de la ghettoïsation urbaine : chômage, mal-logement, manque de transports collectifs, disparition des commerces de proximité, fermeture des services publics, éclatement des structures familiales, incivilité et trafics, etc. Quand la galère commence au lever et s'achève au coucher, la tentation peut exister de chercher un bouc émissaire, un responsable à sa situation, même si celui qu'on s'invente n'y est pour rien. La boîte aux lettres abîmée, la cage d'escalier taguée, le parking « privatisé » par des réseaux de vente de portables ou de drogue, la voiture brûlée sur la place, autant de réalités qui fabriquent du vote FN et des amalgames anti-immigrés.

Si le FN marque des points quand il parle d'immigration, c'est parce que la politique menée par la droite depuis 2002 a échoué. Un échec moral quand, à la remorque des Le Pen, la majorité a réduit toutes les urgences, tous les débats, toutes les inquiétudes aux trois « I » : immigration, insécurité, identité. Échec, surtout, à résoudre les problèmes. Ils se sont même aggravés : la compétition engagée pour attirer les élites du Sud n'a d'égale que les efforts déployés pour stopper ceux qui viennent chercher une protection dans notre pays, ou qui n'ont que leurs bras à offrir. Résultat : nous perdons sur les deux tableaux. En altérant notre image et notre influence auprès de nos partenaires, cette politique ne sert pas non plus nos intérêts.

Sur un sujet qui aura tant divisé les Français, le premier devoir de la gauche est de dire la vérité : dans les décennies qui viennent, la France et l'Europe auront besoin d'une immigration légale pour construire leur avenir, mais il s'agira d'une immigration régulée, maîtrisée et concertée entre partenaires d'un même espace politique et économique. Aux opérations électoralistes qui attisent les tensions et ne résolvent rien, il faut opposer le débat républicain sur le fond, au Parlement, sur une base triennale, occasion donnée aux représentants de la Nation, en lien avec les élus locaux, les partenaires sociaux et les associations qui auront été sollicités en amont, de dresser le bilan de notre politique migratoire et de décider des orientations futures. Notre démocratie parlementaire est assez forte pour ne pas nier les débats essentiels et pour les mener dans un climat apaisé : ne prenons pas les citoyens pour des enfants !

La politique migratoire d'une France adulte réside dans une politique d'immigration équilibrée, juste et efficace. Elle devra répondre à trois grands principes. Le premier principe sera l'adoption de règles claires, notamment sur les procédures de régularisation des immigrants illégaux. Les six lois sur l'immigration et l'asile votées au cours des huit dernières années ont accru la confusion sans rien régler du problème des filières clandestines qui profitent chaque jour un peu plus de l'opacité de nos règles. Une procédure de régularisation s'appliquant à tous de manière égale sur le territoire national, selon des critères clairs et transparents, devra être instaurée. Parmi ces critères, la résidence sur le territoire national depuis plusieurs années, une activité professionnelle régulière et la justification d'un casier judiciaire vierge devront être un minimum requis. Il n'est pas question pour la gauche au pouvoir de fuir ses responsabilités : dans le respect des lois de la République, les personnes qui ne répondront pas à ces critères feront l'objet de procédures d'éloignement respectueuses de leurs droits fondamentaux.

Le deuxième principe, c'est la sacralisation du droit d'asile en France et en Europe. Sans que la situation des droits de l'homme, le nombre et la nature des conflits dans le monde aient sensiblement évolué, l'Union européenne est passée de 85 % d'acceptation des demandes d'asile au début des années 1980 à plus de 85 % de refus au milieu des années 2000. Si l'on prend en compte le nombre de demandeurs d'asile par rapport à la population, la France arrive au onzième rang européen. Le droit d'asile répond à des situations d'urgence humanitaire et ne doit pas être traité comme un élément parmi d'autres d'une politique migratoire. À terme, l'objectif devra être la création d'un Régime d'asile européen commun pour harmoniser les différentes législations nationales.

Un pacte de solidarité avec les pays d'émigration – c'est le troisième principe – devra impérativement être noué. Dans le cadre du « juste-échange » que la gauche défend à l'échelle internationale (voir *P comme « Protectionnisme »*), des partenariats nouveaux seront à construire avec le Maghreb et l'Afrique, une politique de dons être initiée – sous condition de mise de œuvre de politiques sociales – pour le développement des pays pauvres, ou encore des mesures destinées à réduire les inégalités à l'échelle internationale seront à prendre, telle la taxe sur les transactions financières. Des avancées devront être réalisées avec les pays d'émigration – sur le front de la lutte contre les réseaux d'immigration illégaux, leur coopération est indispensable. Les échanges universitaires d'étudiants, de professeurs ou de chercheurs devront être fortement encouragés. Le soutien – notamment via la coopération décentralisée – aux investissements actifs, susceptibles de développer le marché intérieur de ces pays, devra être réaffirmé.

Ces principes sont ceux d'une République digne de ce nom. Ils guideront l'action de la gauche dès 2012. L'immigration doit rester un atout pour la France et une chance pour les nouveaux arrivants, pas un sujet de discorde entre Français ni un mirage pour les prétendants à l'intégration.

Lettre à la candidate ou au candidat socialiste à l'élection présidentielle

Chère camarade ou cher camarade, même si tu n'as pas encore été désigné(e) à l'heure où tu en prendras connaissance, ces quelques lignes te sont destinées.

Tu sais que tu as des chances sérieuses d'être le prochain chef de l'État. Nous, cette perspective nous réjouit. Parce que le pays va mal et qu'une politique de gauche lui fera du bien. Mais aussi parce que depuis que nous avons le droit de vote, jamais un candidat de gauche n'a remporté l'élection présidentielle. Le dernier, c'était François Mitterrand, mais c'était avant la chute du mur de Berlin. En mai dernier, tu étais là d'ailleurs, nous avons célébré le trentième anniversaire du 10 mai 1981. C'était émouvant, c'est certain, mais pour te dire la vérité, nous en avons un peu assez, depuis notre adhésion au Parti socialiste, d'être nostalgiques d'une époque que nous n'avons pas vécue. Ce que nous aimerions, c'est vivre un dimanche d'alternance, même si les cœurs seront moins à la fête qu'en 81, et bâtir les réformes dont la France a besoin, le retour aussi à une certaine exemplarité dans les comportements, les propos, les décisions de ceux qui dirigent le pays. Bref, comme des millions de gens, nous comptons sur toi.

On ne va pas faire long, l'essentiel de ce que nous avions à dire se trouve dans les pages qui précèdent.

Bien sûr, dans les mois qui viennent, tu vas être confronté(e) à l'épreuve la plus difficile de ta vie publique. Tu as l'habitude des concours et des scrutins, une armada d'esprits bien remplis t'entourent, des élus locaux chevronnés t'accompagnent. Toi-même, tu auras subi l'épreuve de la qualification, cette primaire populaire qui est une première et qu'a voulue le Parti socialiste. Les camarades que tu auras affrontés sont de grande valeur : en triompher dit quelque chose de la tienne.

Dans la frénésie de la campagne interne puis de l'élection présidentielle, tu vas devoir vivre chaque journée comme une haie franchie. Avec son lot de studios de radio et de plateaux télé, d'entretiens à la presse quotidienne régionale et aux médias locaux, de chats sur le Net. Avec son marathon de déplacements, réunions publiques, « visites de terrain », comme disent les communicants, en métropole et dans les outremers. Il y aura les inévitables polémiques sur tes propositions, les querelles sur tes derniers propos, les boules puantes du camp d'en face – tu as déjà compris qu'elles ne manqueront pas, tu sais que le pouvoir actuel est prêt à tout pour éviter d'être renvoyé dans l'opposition, les intérêts qui le soutiennent sont si puissants. Bref, tu vas vivre la campagne que tu voulais mener depuis que tu as choisi de t'engager en politique. Toutes les autres, pour les élections municipales, cantonales, régionales, européennes, législatives, furent une préparation au grand rendez-vous avec les Français. Tu es prêt(e), tu incarnes l'espoir de millions de femmes et d'hommes qui, au-delà de la gauche, veulent le changement, à la fois le redressement économique et le rassemblement démocratique. Tu es fort(e) du projet socialiste, des idées que tu lui ajoutes, de ta personnalité qui les porte. Bref, tu es dans ton couloir et tu t'apprêtes à livrer la course la plus difficile.

Avant de te lancer puis pendant tes foulées, n'oublie pas le Front national. Il a changé de visage, pas de message. Ton véritable adversaire, c'est l'extrême droite. Parce que les idées qu'elle véhicule accroissent les peurs au lieu de les combattre, aggravent les problèmes au lieu de les régler, opposent les individus au lieu de les réconcilier. Parce que les performances électorales du FN ne sont que le baromètre de l'impuissance du politique face à la mondialisation qui marchandise et qui uniformise, face au chômage, au mal-logement, aux déserts médicaux, à la ghettoïsation et l'échec scolaire, à la fermeture des usines, à la crise agricole, à l'absence de transports collectifs, à l'insécurité, à l'enfermement urbain, à la montée des extrémismes religieux ou communautaires, à l'absence de respect des règles ou aux manquements à la loi. Le FN ne propose pas, il prospère.

N'oublie pas, camarade candidat(e), le danger que représente le Front national. N'écoute pas ceux qui, autour de toi, t'expliqueront que le problème est ailleurs, que la priorité du jour, c'est de parler d'autre chose. Si tu veux redonner un espoir aux catégories populaires, si tu veux redonner confiance aux classes moyennes, si tu veux que la jeunesse ait un avenir, si tu veux remettre la France en tête des grandes nations industrielles, technologiques, éducatives, si tu veux que la République ne soit pas un mot-musée, bref si tu veux être utile à ton pays et à la gauche, ne renonce jamais à combattre le FN, à débusquer la régression qui se cache dans chacune de ses propositions, à décrire les effets qu'aurait sa politique au lieu de perdre son énergie à critiquer ou mépriser sa présidente. Et si tu es élu(e), agis de sorte que, l'année de ta réélection, le poids électoral du Front ait diminué : cela voudra dire que tu as réussi pour la France.

Tu sais le fond de notre pensée ? 2012 est plus qu'une élection, c'est une bifurcation. Si la gauche ne remporte pas la présidentielle et les législatives, non seulement le pays ratera le rendez-vous du redressement par la justice, mais un boulevard s'ouvrira pour la grande alliance des populismes, la fusion de la droite ultra et de l'ultra droite. Alors s'ouvrira pour la France un âge de turbulence et de violence qui réduira ses chances d'être une nation qui compte dans la mondialisation et dont les valeurs éclairent le monde. Nous sommes le pays des Lumières, c'est vrai, mais n'oublie pas que certains veulent les éteindre.

Sois fier(e) de nos valeurs socialistes et républicaines, porte haut nos propositions, affirme notre vision de l'humanité, de l'Europe, du monde, de l'Histoire. C'est ce que nous avons essayé de faire dans ces pages. Espérons qu'elles vous soient utiles, à toi et aux Français.

Table

Composition et mise en pages : FACOMPO, LISIEUX

Collection « Coup de Gueule »
dirigée par Jean-Claude Gawsewitch

Achevé d'imprimer sur rotative
par l'imprimerie Darantiere à Dijon-Quetigny
en septembre 2011

Dépôt légal : septembre 2011
N° d'impression : 11-1196

Imprimé en France